진짜 스페인은 시골에 있다

일러두기

1. 작가의 의도에 따라 현장감을 살리고자 본문에서 과거와 현재 시제를 번갈아 사용합니다.
2. 본문에 사용된 단어들은 실제 스페인어 발음을 따르고자 하였습니다.

진짜
스페인은
시골에 있다

맛의 멋을 찾아 떠나는 유럽 유랑기

글 * 문정훈
사진 * 장준우

상상출판

EL CRISTAL
TORREZNO
-
PORK FRIED

◇ 프롤로그 ◇

시골 여행을 시작하며

개인적인 여행, 출장 등 여러 이유로 1년 중 3개월은 해외에 있는 편이다. 농산물을 포함한 식품의 가치를 발굴하고 가치를 전달하는 농대 교수이므로 도시에 있을 땐 시장으로 향한다. 그게 아니면 도시에 있을 이유가 없으니 농촌 지역으로 간다. 시골에서 많은 사람을 만나고 이야기 나누고 함께 먹고 마신다. 우리는 그렇게 친구가 된다.

게다가 이건 삶의 진리와 같은데, 농부와 친구가 된다는 것은 정말 대단한 일이다! 농부 친구가 한 명도 없다면 '내 삶은 무료하고 따분하며, 이 세상이 멸망할 때쯤 내가 가장 먼저 죽게 될 거야'라고 한탄해도 좋다. 전쟁이 나고 경제 위기가 오고 호환마마나 코로나 등의 질병으로 락다운이 될 때, 끝까지 살아남을 자는 단연 농부다. 다양한 가정을 해봐도 역시 인류 최후의 1인은 농부다. 농부 친구가 없다면 삶의 포트폴리오를 잘못 짠 것일지도 모른다. 나는 전 세계 시골에 농부 친구들을 두고 있다. 그러니 이 세상이 멸망할 때쯤 아마 그 친구들에게 붙어서 그들과 살아남아 최후의 순간을 볼 수 있을 것이다. 다시 한번, 농부 친구를 사귀려면? 시골로 가야 한다.

아, 요리사 친구도 하나 정도는 있어야 한다. 농부가 창조자라면 요리사는 창조자의 뜻을 전달하는 메신저다. 농부 친구와 요리사 친구가 있고, 사랑하는 가족과 함께라면 그 삶은 그래도 꽤 괜찮은 포트폴리오로 짜인 것이 아닐까? 그래서 나는 요리사 장준우 셰프와 시골을 다닌다. 이 책은 장준우 셰프와 전 세계 시골을 여행하며 농부 친구들을 만나 이야기하고, 먹고 마신 내용을 담고 있다.

이 책은 전작『진짜 프랑스는 시골에 있다』와 이어지는 스페인 시골 여행기다. 이 책을 읽기 위해 전작을 필수적으로 읽어야 할 필요는 없다. 하지만 전작을 읽고 이 책을 읽는다면 더 큰 즐거움을 얻을 수 있다고 확신한다. 같은 서유럽 국가로서 국경을 맞대고 있는 스페인과 프랑스의 본질적 차이를 시골에서 찾을 수 있다.

『진짜 프랑스는 시골에 있다』를 읽은 지인들의 반응이 이랬다. "프랑스 시골 이야기를 한다고 해놓고선 온통 와인 이야기잖아?" 사실이다. 그럴 수밖에 없었던 것이 프랑스 동부 지방을 남북으로 종단하는 '태양의 차도L'autoroute du Soleil' 인근은 온통 포도밭이었다. 북쪽에는 북쪽과 적합한 포도가, 남쪽에는 남쪽과 적합한 포도가 있었다. 아무리 가도 포도밭은 끝이 없었고 마을 곳곳엔 양조장이 있었다. 포도농사를 짓는 농부가 와인을 양조하는 것이 부르고뉴 지방의 일상이었다. 프로방스 지역에는 허브가 더러 있었지만, 포도농사가 되는 곳에는 또 포도를 심어 놓았다. 그래서 프랑스 편에서는 꽤 많은 페이지를 포도와 와인에 할애했다. 그게 그들의 삶이기 때문이다.

여행을 통해 그들의 삶을 이해하는 것이 이 책의 취지다. 한국을 알고 싶어 찾아온 외국인에게 63빌딩이나 남산 타워를 추천하는 것이 얼마나 우스운 일인가. 그보다는 평창의 한우 농가를 가서 한국인들이 애정하는 한우를 어떻게 기르는지, 목포의 새벽 어시장에서는 어떤 생선들이 올라오는지, 나주의 넓은 평야에서 익어가는 벼의 황금물결, 울릉도의 절벽에 명이농사가 어떻게 이루어지는지를 보여주자. 그리고 한우구이와 병어찜, 고슬고슬한 흰 쌀밥에 명이나물을 올려 즐겨보도록 하는 것이 한국과 한국인의 삶을 더 잘 이해하게 하는 일 아닐까? 그래서 나는 그들을 이해하기 위해 시골로 여행을 떠난다.

이 책에는 소위 '관광명소'에 대한 정보가 없다. 다만 스페인 시골을 다니며 나와 장준우 셰프가 관찰하고 경험했던 햇볕, 바람, 흙, 농부, 그리고 그 농부가 생산한 결과물, 즉 음식의 이야기를 담았다. 이 책이 우리의 여행 문화를 좀 더 다양하게 바꾸는 역할을 하면 좋겠다. 관광명소에서 멋진 사진을 찍는 것보다는 그곳 사람들의 삶을 이해하고자 하는 여행은 어떨까? 그러니 시골로 들어가야 한다. 장준우 셰프가 전작 프랑스 시골편에서 증명했듯이, 시골에서도 인스타그램에 올릴 수 있는 멋진 사진을 찍을 수 있다.

'삐쩍 마른 이탈리안 셰프와 얼굴 하얀 농대 교수는 믿지 말라'는 말이 있다. 나는 얼굴이 충분히 검고, 장 셰프는 (근래 체중이 좀 줄었지만) 삐쩍 마르진 않았다. 우리를 믿고 스페인의 멋진 시골로 여러분이 함께해주길 바란다.

◇ 목차 ◇

◇ *Part 1* ◇

북스페인 대서양

스페인다운 것, 스페인답지 않은 것

프랑스 시골 여행을 마치고, 프로방스의 관문이라고 할 수 있는 마르세유 공항에서 스페인행 비행기를 탔다. 나와 장준우 셰프는 스페인의 수도 마드리드를 경유하여 스페인 북부 바스크Vasco의 주도인 빌바오Bilbao로 가고 있었다. 비행기는 스페인 국적의 이베리아 항공. 간단한 수속을 마치고 탑승 게이트로 이동했다. 그 비행기는 마르세유에서 저녁 7시에 출발해야 했고, 마드리드 공항에는 8시 50분에 도착해야 했다. 그리고 밤 10시 10분에 다시 비행기를 갈아타 빌바오로 도착하는 여정이다. 환승 시간이 넉넉하지는 않았지만 같은 터미널 내에서 갈아타는 것이므로 1시간 20분 정도면 충분했다.

이번 스페인 시골 여행도 장준우 셰프가 함께했다. 그를 비롯해 다른 몇 명의 동료들과 수월하게 기내로 들어설 수 있었다. 이 '수월함'을 설명하기 위해 미국 공항 이야기를 해야겠다. 미국의 공항에서는 엄격한 시큐러티 체크와 더불어 게이트에서 기내로 들어설 때 이루 설명할 수 없는 긴장감이 감돈다. 여권과 탑승권을 대조하고, 여권의 사진과 내 얼굴을 번갈아 보면서 저글링 하는 공처럼 눈알을 빙글빙글 돌리는 항공사 직원에겐 불쾌한 감정까지 든다. 그러나 스페인으로 향하는 스페인 국적의 항공사 비행기를 타기 위해 게이트를 통과할 때 만나는 직원들은 고객의 카트에 담긴 30종에 달하는 상품과 영수증을 대조하는 코스트코 직원과 비슷하다. 그저 만족한 고객들이 어서어서 지나가길 바란다.

기내에 착석하면 나는 '자, 이제 슬슬 잠이나 자볼까?'라고 생각하며 잘 준비를 하는 타입이다. 몸의 중심을 한쪽 엉덩이로 이동시켜 몸을 살짝 꼴 때였다. 스페인어 악센트가 섞인 기장의 기내 방송이 나왔다. '비행기는 지금 뜰 수 없고, 언제 뜰지 모르니 커피 마시면서 기다려'라는 것이었다. 일정이 꼬이기 시작한다. 이 또한 뭔가 스페인답다.

그렇게 몸의 중심을 좌우로 옮기며 한참을 자다 깼는데, 비행기는 여전히 제자리였다. 시계를 보니 저녁 8시가 다 되어 갔다. 나 몰라라 하며 다시 잠이 드는데, 비행기가 움직이는 듯한 느낌이 들었다. 나중에 동료들에게 물어보니 저녁 8시 5분쯤 비행기가 출발했다고 한다. 늦게 이륙한 비행기는 늦게 착륙한다. 마드리드 공항에는 밤 9시 45분에 도착했다. 예정보다 55분이나 지체되었고, 다음 비행기 이륙까지는 고작 25분이 남아 있었다.

우리는 마드리드 공항의 활주로에서 여전히 대기 중인 비행기 안에 갇혀 있었고, 나는 이번 스페인 방문을 도와주기로 한 현지 파트너 뻬드로 아저씨에게 어쩌면 빌바오행 비행기를 놓칠 수도 있겠다는 메시지를 보냈다. 밤 10시 10분에 뜨는 빌바오행 비행기를 놓치면 상황이 매우 곤란해진다. 자동차로 5시간이 넘는 거리다. 잘못하면 다음 날 아침 비행기가 뜰 때까지 공항에서 노숙하거나, 아니면 지붕이 있는 곳에서 잘 수 있게 해달라고 항공사와 싸워야 한다. 어쩌면 스페인어로 싸워야 할지도 모른다는 생각까지 드니 스트레스 지수가 급격히 올라갔다. 그러나 뻬드로 아저씨의 답장은 평온하기 그지없다.

'스페인 비행기는 정시에 뜨지 않습니다. 그건 스페인답지 않아요.'

그로부터 5분 후, 게이트로 접근한 비행기의 출구가 열렸다. 시간은 어느덧 9시 55분이었다. 마드리드 공항의 4번 터미널 K68 게이트에서 내린 나는 전광판을 통해 빌바오행 비행기가 J42 게이트에서 10시 10분에 출발한다는 사실을 확인할 수 있었다. K68, K67, K66……J44, J43, J42. 정신이 아득해졌다. 과연 15분 안에 J42에 도착할 수 있을 것인가? 같이 온 동료들은 '너만 믿는다'라는 식이었고, 장 셰프는 뛰는 게 싫다고 했다. 그리고 나는 '스페인답지 않고 한국답게' 게이트를 향해 달리기 시작했다. 내가 방금 페르시아의 침략군을 마라톤 평원에서 격퇴했던가? 혼미한 정신 속에 별의별 생각이 다 들었다. 10시 10분에 J42 게이트에 도착한다고 해도, 이미 게이트 문이 닫혔으면 그땐 어떻게 해야 할까?

간신히 J42 게이트 앞에 도달했을 때 게이트 위에 달린 모니터 전자시계는 10시 9분을 가리키고 있었다. 게이트의 문은 닫혀 있었고, 게이트 앞 데스크에는 직원조차 서 있지 않았다. 창밖에는 비행기가 아직 게이트에 연결된 채 뚱하니 서 있다. 42.195km를 달린 영웅이 결승점의 테이프를 끊듯, 닫힌 J42의 문을 밀어젖히고 들어가 스페인 비행기의 막 닫히려는 해치를 딱 잡고, '아직 내 동료들이 도착하지 못했소!'라고 이야기해볼까? 체포되면 어떡하지? 게이트 근처에서 헉헉거리고 있는 나를 보는 주위의 시선들 느껴졌다.

'게이트가 이미 닫혔어요'라는 메시지를 동료들에게 보내고, 우리가 비행기를 놓친 상황을 항공사 직원에게 빨리 알려야겠다는 생각이 들었다. 그러나 주위에 항공사 직원이 아무도 없었다. 마드리드에 발을 묶이게 되었으니 호텔을 잡아야 할 텐데, 라고 생각하고 있던 차였다. 그 순간 J42 게이트 위 모니터로 출발 시간이 10시 25분으로 연기되었다는 공지가 떴다. 그리고 또 10초 후에 출발 시간이 다시 10시 55분으로 바뀌었다. 그러니까 굳게 닫혀 있던 J42 게이트 문은 애당초 열린 적이 없었으며 데스크에는 인류가 존재한 적조차 없었던 것이다. 더욱 놀라운 것은 이곳이 한국이었다면 많은 승객이 데스크 주변에서 왜 보딩 수속을 하지 않냐며 몰려들었을 게 분명한데, 스페인 승객들 중 J42 게이트 앞에 서 있는 사람은 두 명의 노부부와 한 명의 건장한 남성뿐이었다. 빌바오로 날아갈 예정인 만석 비행기에서 비행 일정이 불시에 지연되었는데 말이다. 스페인답다.

10시 30분이 되어서야 J42 게이트 앞 데스크에 역사상 첫 인류가 등장했다. 두 명의 직원이 와서 무언가를 준비했고, 결국 이륙은 밤 11시 10분에 이루어졌다. 스페인 여정의 첫 목적지 빌바오에는 예정보다 1시간 늦은 12시 10분에 도착했다. 그리고 우리는 마르세유에서 부친 6개의 짐 중에서 3개를 분실했다. 이 역시 스페인답다고 빌바오 공항에서 만난 내 오랜 친구 뻬드로 아저씨는 설명했다. 국내외 출장과 여행이 잦은 나는 지난 20여 년간 딱 한 번 짐을 분실했다. 네, 그곳 또한 예상대로 스페인이 맞습니다. 이로써 스페인에서만 짐을 두 번 분실한 게 되었다.

우리는 빌바오에서 머무는 대신 차로 30분 정도 떨어진 동쪽에 있는 소도시 두랑고Durango에서 머물기로 했다. Gran Hotel Durango에는 매우 늦은 시간에 체크인을 했다. 다음 날 아침, 느지막하게 일어나서 호텔 식당에 들어갔다. 호텔 숙박비에 포함된 간단한 조식 뷔페였다. 유럽의 호텔 조식에서 가장 흔하게 찾아볼 수 있고, 또 그래서 내가 즐겨 먹는 음식은 '옆으로 잘라서 오븐에 구운 토마토'이다. 아무래도 점심과 저녁 메뉴를 정할 때 오늘은 소고기를 먹어 볼까, 아니면 돼지고기를 먹어 볼까? 같은 육류 중심의 사고를 하기 마련이다. '오늘 저녁 메뉴에는 토마토를, 아니 당근을'과 같은 '채소 중심의 사고'는 하지 않는다. 그래서 아침에는 채소를 섭취하고자 노력한다. 이때 가장 쉽게 손이 가는 것이 '옆으로 잘라서 오븐에 구운 토마토'이다.

토마토를 접시 위에 올리고, 다른 몇 가지 음식을 더 고른 다음 커피와 함께 자리에 앉았다. 토마토를 포크로 찍어 중앙에 칼을 스윽 집어넣었다. 반동강이 난 토마토 중 한 조각을 입으로 가져갔다. 나는 당황했다. '옆으로 잘라서 오븐에서 구운 토마토'라고 부르기 죄송할 정도로 하나의 완벽한 요리가 되어 있었다. 뜨겁지도 차갑지도 미지근하지도 않은 완벽한 온도. 토마토 원물 자체의 싱싱함은 두말할 필요도 없으며, 이 위에 살짝 올라간 치즈는 입 안에서 녹아 감칠맛을 더했다. 짭조름함과 살짝 콤콤한 발효의 터치가 입 안을 휘감았다. 치즈는 토마토의 열기에 녹아들어 눈에는 보이지 않았지만, 자신의 존재를 확실히 하고 있었다. 토마토 위에 흩뿌려진 허브는 대부분의 토마토가 태생적으로 가지고 있는 '난 그다지 특별한 맛은 없어'라는 약점을 보완하며 '난 그리 단순한 아이가 아니라구요'라는 메시지를 던졌다. 허브와 치즈가 만난 토마토가 입 안에서 부드럽게 녹아내렸다. 껍질은 벗겨내지 않았으나 벗겨낸 것과 다름이 없었다. 두랑고에서 인생 토마토 요리를 만나다니, 그것도 호텔 조식에서. 스페인 사람들은 어째서 구운 토마토에 이런 집념과 완성도를 보이는 것일까? 스페인 사람들의 '집념과 완성도'는 약속 시간을 제대로 맞춘다거나, 짐을 분실하지 않는 데에선 전혀 발휘되지 않는다. 이것이 스페인다움이다.

이날 밤 우리는 스페인에서의 제대로 된 첫날을 축하하며, 실은 분실했던 짐이 빨리 배송된 것을 축하하며 호텔 내에서 간단한 파티를 열기로 했다. Gran Hotel Durango에는 아기자기하고 예쁜 정원과 야외 풀장이 있었다. 그 옆엔 간이 테이블과 의자가 놓여 있었다. 호텔 투숙객들은 늦게까지 그곳에 모여 음식과 술을 곁들여 수다를 떤다. 7월의 두랑고 밤은 20도 남짓이라 매우 쾌적했다. 우리는 프랑스에서 사 온 와인 몇 병과 스페인에서 구한 독특한 치즈를 함께 먹고 싶었지만, 호텔 측의 눈치가 조금 보였다. 실은 스페인으로 오기 전에 프랑스의 한 시골 호텔에서 투숙할 때 외부에서 구입한 와인을 정원에서 먹어도 되는지 물어봤다가 매몰차게 거절당했기 때문이었다. 그 일로 인해 조금은 주눅이 든 상태였고, 매너를 지키는 일도 중요했다.

나는 호텔 직원에게 정중하게 "우리 치즈랑 와인이 좀 있는데, 너희 정원에 앉아서 먹어도 될까?"라고 물었다. 그 직원의 표정이 이상하게 일그러졌다. 그리고는 양손을 머리 위에서 크게 회전시키며 답한다. 일그러진 표정과 제스처는 '그딴 걸 왜 묻니?'의 의미를 담고 있었고, 마치 화난 것처럼 눈을 부라리며 똑 부러지게 이야기했다.

"여긴 너희 집이야. 맘껏 먹어. 빨리 정원으로 나가!"

이것이 스페인이다. 누가 이런 스페인다움을 싫어할까?

◇ 1 ◇

바스크

Paìs Vasco

France
Asturias
Cantabría
País
Vasco
Galicia
Navarra
La Rioja
Cataluna
Castilla y Leon
Aragón
Portugal
Castilla La Mancha
Valencia
Extremadura
Murcia
Andalucía
Algeria
Morocco

두랑고에서 출발

우리는 두랑고에서 스페인 시골 여행을 위한 전열을 가다듬었다. 바스크 지방의 중심에 위치한 인구 3만 명의 소도시 두랑고는 프랑스와는 사뭇 분위기가 다르다. 일단 대기가 머금고 있는 습기가 다르다. 더 차갑고 축축하다. 지난 프랑스 여행에서 나를 내리쬐었던 태양은 지중해의 것이었고, 스페인의 태양은 성질이 좀 꾀질(존재하지 않는 단어다)한 대서양의 것이었다. 아침에 일어나 커튼을 열었을 때 눈뜨기가 프로방스보다 수월했다.

두랑고에서 맞는 첫날 아침, 내가 가장 먼저 한 일은 '이발'이었다. 호텔 앞 헤어숍의 스페인 미용사는 동양인 손님은 처음이라고 했다. 머리카락을 바리깡으로 밀었을 때 확실히 스페인 사람보다 한국인의 머리카락이 더 강하게 튄다며 '품종의 특성'에 대해서 친절히 설명해주었다.

호텔로 돌아와 휴식을 취하며 지난 프랑스 시골 여행을 정리하고, 시작을 앞둔 스페인 시골 여행의 자료를 한 번 더 훑었다. 그리고 저녁을 먹기 전에 동네를 한 바퀴 걸었다. 그제야 내가 있는 곳이 프랑스가 아니라, 스페인 같지 않은 스페인이라는 것이 각인되기 시작했다. 언어에서부터 차이가 났다. 영어와 프랑스어, 스페인어 사이에는 공통점이

많다. 프랑스어와 스페인어를 잘하지 못해도 추정 가능한 단어들이 있다. 특히 프랑스어와 스페인어 사이에는 공통점이 더욱 많다. 포도주는 영어로 와인[wine], 프랑스어로는 뱅[vin], 스페인어로는 비노[vino]다. 바로 이 부분에서 내가 이곳을 스페인 같지 않은 스페인이라고 했던 말의 의미를 설명할 수 있다. 스페인 북부 바스크의 언어인 바스크어로 와인은 아르도아[ardoa]다. 비노와 조금도 비슷하지 않다. 바스크는 지리적으로 스페인 북서부와 프랑스 남서부에 걸쳐져 있는 지역이지만 언어적으로는 유사성이 없다. '사랑'이라는 단어는 바스크어로 마이타순[maitasun], 물은 우라[ura], 음식은 야나리[janari], 화장실은 바이누겔라[bainugela]다. (지금 여러분은 바스크에서 생존에 필요한 모든 어휘를 다 배웠습니다.) 바스크어는 프랑스어, 스페인어를 비롯해 유럽의 어떤 언어와도 비슷하지 않을뿐더러 지구상에 존재하는 어떤 언어와도 비슷하지 않다. 언어학자

들의 오랜 연구 대상이 바스크어인 이유다.

11세기 이후 바스크는 자신만의 독립된 국가를 가져보지 못했다. 계속해서 다른 나라의 지배를 받아왔기에 독립을 원하는 바스크 사람들도 많았다. 그래서 스페인 내에서 바스크는 자치주의 지위를 가지고 있고, 그들의 정체성을 유지하려고 노력한다. 2017년에 넷플릭스에서 개봉한 스페인 영화 〈이웃집 테러리스트Fe de etarras〉에서는 독립운동을 하는 바스크 사람들이 2010년 월드컵 경기에서 스페인팀이 승리하자 분노하는 장면이 나온다. 하지만 스페인팀에 바스크 출신 선수가 끼어 있다면? 그땐 감정이 복잡해진다.

스페인과 관련한 고유명사에 txe, txo, err, eka가 들어가는 표기법이 보이면 '아하, 바스크와 관련 있군!'이라고 추측하면 된다. 두랑고 인근 지명만 하더라도 Zabaloetxe, Aurrekoetxe, Aransutegi Erreka 이런 지명이 많다. 내가 본 지명 중 압권은 Bidebitarte Etxetxikerre Bidea다. 어떻게 읽고, 외워야 할지 암담해지는 지명을 대충 발음하면 비데비타르테 에체치켈레 비데아가 된다. 참고로 비데아는 도로라는 뜻이다.

아무튼 우리는 본격적으로 시작될 스페인 시골 여행을 기념하며, 바스크 시골에서 생산한 '아르도아 쑤리아Ardoa Zuria', 즉 바스크의 화이트 와인을 시원하게 들이마시며 동네의 작은 핀초스Pintxos 바에서 핀초스를 즐겼다. 그리고 프랑스 시골 여행에서는 찾아볼 수 없었던 식재료를 하나 찾아냈다. 바로 고추였다. 메뉴판에서 고추튀김을 찾아낸 우리는, 마치 키보드 보안 프로그램 설치하지 않고 은행 송금에 성공한 한국인들처럼 괴성을 지르며, 그 많은 양의 고추튀김을 내 몸의 일부로 만들었다.

핀초스

스페인의 식사 패턴은 우리와 매우 다르다. 스페인 친구들에게 우리나라는 보통 아침 식사를 7시쯤, 점심을 12시, 저녁을 6시나 7시쯤 먹는다고 하니, “너희는 영국 애들이랑 비슷하게 밥을 먹네?”라는 대답이 돌아왔다. 대부분의 스페인 사람들은 아침을 7시쯤에 가볍게 먹는다. 출근하고 10시 반쯤에는 아점을 먹는다. 오후 2시가 되면 점심을 먹는데, 그들이 가장 성대하게 먹는 식사가 보통 점심이다. 전채, 메인, 그리고 디저트와 커피까지 주로 3품 코스 요리로 식사를 한다. 오후 6~7시에는 점저를 먹는데, 간단한 음료와 타파스Tapas 요리를 먹으며 저녁 식사를 준비한다. 점저를 끝내면, 저녁 9시가 돼서야 본격적인 저녁 식사가 시작된다. 하루에 다섯 끼를 먹는 것이 스페인의 일반적인 식문화다. 이런 전통적인 식문화가 최근 도시에서는 줄어드는 추세지만, 시골에서는 여전히 유지되고 있다.

식문화의 특성으로 인해 스페인에선 자연스럽게 밤 문화가 발달하였다. 대부분의 유럽 국가에서는 저물녘이 되면 집으로 돌아가 가족들과 시간을 보내기 때문에 거리가 한산해진다. 그러나 스페인의 밤거리는 서울 못지않게 밝고 활기가 넘친다. 9시에 시작한 저녁 식사를 마치면 11시나 자정 무렵이 되는데, 거기서 끝이 아니다. 스페인 사람들도

우리처럼 1차, 2차, 3차로 옮겨 가며 식사와 술을 즐긴다. 이런 스페인 사람들의 성향은 '타파스'라고 하는 독특한 식문화를 형성하게 했다. 보통의 식당들은 점심때 1시 반이나 2시에 문을 열었다가 4시에 닫고, 다시 저녁 8시가 넘어서야 문을 연다. '타파스 바'는 조금 더 빨리 문을 열어 점저 손님들을 받은 후 자정 넘어까지 영업을 한다.

타파스는 뚜껑을 의미하는 단어다. 즉, 제대로 된 식기에 코스 정찬으로 먹는 것이 아니다. 조리용 작은 솥뚜껑 위에 음식을 조금씩만 얹어서 맛보기로 손님들에게 제공하던 형태가 문화로 정착되었다. 때문에 타파스는 특정한 음식을 지칭하는 것이 아니라, 적은 양의 음식을 다양하게 즐길 수 있도록 제공하는 것을 말한다. 우리나라의 '반찬' 문화와도 유사하다. 다만 우리에게 반찬은 주식과 어우러질 수 있는 다채로운 음식들을 지칭하지만, 타파스는 주식과 함께 먹는 용도가 아니라 단지 요리의 작은 포션이라는 점에서 반찬과 차이가 있다. 여러 가지 타파스를 주문해 식탁 위에 늘어놓고 친구들과 나눠 먹는 스페인 사람들의 모습에서 마치 한국에 온 듯한 착각이 들었다. 물론 타파스에는 와인이나 맥주가 빠질 수 없다. 스페인 사람들은 밤새 여러 타파스 바를 오가며 다양한 타파스를 즐기며 밤을 보낸다.

타파스 문화는 스페인 남부에서 시작되어 전역으로 퍼졌다. 지금도 남부의 어떤 타파스 바에서는 맥주 한 잔을 시켜도 인심 좋게 타파스 한 접시를 내놓는다. 물론 공짜다. 기본 안주 한두 접시 내어놓는 우리나라처럼 스페인도 그러하다. 이런 타파스에는 무엇이든 올라올 수 있다. 소와 돼지 내장뿐만 아니라 닭의 피로 만든 선지도 타파스로 제공된다. 또한 스페인이 문어, 도미, 아귀, 한치 등 다양한 해산물을 즐기는 나라라는 것을 잊어선 안 된다. 연어와 대구, 청어를 제외한 생선들을 식재료로 거의 쓰지 않는 다른 유럽의 국가들과는 확연히 다른 식문화다. 근간에는 스페인에서 생산되는 다양하고 풍성한 식자재와 더불어, 다양한 음식을 즐기는 스페인 사람들의 미식가적 기질이 깔려 있다.

스페인 북쪽 바스크 지역에는 나름의 타파스 문화가 있다. 이 지역에서는 타파스를 핀초스Pintxos라고 부른다. 얼핏 보면 타파스이고, 실제로도 타파스 사이즈다. 그러나 이 동네에서는 이를 핀초스라고 부른다. 물론 스페인어가 아니라 바스크 언어다. 핀초스는 주로 빵 위에 다양한 음식을 올려서 이쑤시개로 고정한 형태를 의미한다. 그러니 '올리기 위한 용도의 어떤 음식+빵+이쑤시개'가 핀초스다. 물론 빵을 쓰지 않는 경우도 있고, 이쑤시개를 쓰지 않을 때도 있지만 대체로는 그 형태가 유지된다.

핀초스는 바스크 지역의 주된 음식 문화다. 핀초스를 매대 위에 쌓아 놓고 접시에 각자 골라서 먹는 '핀초스 바'가 마을마다 존재하는 이유다. 가게마다 다양한 레시피의 핀초스 메뉴가 있고, 손맛도 다르다. 다들 서서 맥주 한잔, 또는 이 지역의 화이트 와인과 함께 핀초스를 먹는다. 친구들과 여러 가게를 돌면서 핀초스를 골라 먹으면 배는 충분히 불러지고, 저녁 식사는 끝! 이 동네 사람들은 핀초스를 서너 개만 시켜 놓고 1시간 넘게 수다를 떨곤 하는데, 어떤 성질 급한 한국인 아저씨가 핀초스 예닐곱 개를 10분 만에 끝내고 휙 나가니까 매우 당황해합디다.

바스크의 재래돼지

어떤 사람에는 너무나 당연할, 어떤 사람에겐 너무나 놀라운 이야길 전하겠다. 돼지에도 품종이 있다! 몇 초만 생각해도 '아, 그렇겠네!'라는 생각이 드시리라. 그러나 누렁이 '한우'는 품종이지만, '한돈'은 품종이 아니다. 한돈은 한우라는 이름이 장사가 잘되니, 한반도에 네 발 딛고 자라고 있는 돼지들에게 붙인 브랜드 같은 거다.

한국에서 일반적으로 우리가 먹는 돼지는 요크셔Yorkshire, 렌드레이스Landrace, 듀록Duroc이라는 세 가지 품종의 돼지를 교잡한 것으로 '3원 교잡종'이라고 불린다. 이 3원 교잡종인 '한돈'은 새끼를 많이 낳고 빨리 자라는 효율성 덕분에 돼지 생산 농가들이 선호한다. 솔직히 맛이 더 뛰어나서는 아니다. 3원 교잡종도 세 종류의 품종을 교잡했듯이 돼지에도 엄연히 품종이 존재한다. 나중에 따로 이야기하겠지만, 스페인에 아주 유명한 재래돼지 품종이 있기도 하다. 전 세계적으로 큰 인기를 얻으며 비싼 몸값을 자랑하는 이베리코Ibérico다.

한국에도 재래돼지가 있다. 천연기념물로 지정된 제주의 재래돼지와 경북 포항의 재래돼지(일명 '한보름' 돼지)가 그 주인공이다. 둘 다 흑돼지 계통이다. 재래돼지는 아주 오래전부터 그 땅에 자생하고 있는 돼지를 의미한다. (모든 '재래' 품종의 의미가 이러하다.) 재래돼지의 유전적 특성을 물려받은 품종은 '토종돼지'라고 한다. 한국의 토종돼지 품종으로는 우리흑돈, 난축맛돈 등 네 가지 정도의 공인된 품종이 있다. 그러나 이런 재래, 토종돼지는 2021년 현재 우리나라에서 전체 사육 중인 돼지 개체 수의 1%도 안 된다. 이유는 하나. 새끼를 많이 낳지 않고 사료 효율성이 상대적으로 떨어지므로 생산자들이 선호하지 않기 때문이다.

스페인에서 가장 유명한 재래돼지는 앞서 말했듯이 이베리코다. 하지만 바스크 지방에도 재래돼지가 있다. 바스크 재래돼지를 이 동네에서는 '에우스칼 체리Euskal Txerri'라고 부르는데, 바스크어로 '에우스칼'은 바스크를 의미하고 '체리'는 돼지를 의미한다. 우리는 이 바스크 재래돼지와의 만남을 이번 스페인 시골 여행의 첫 목표로 삼았다. 두랑고에서 차를 타고 동남쪽으로 1시간 반을 달려, 레쿤베리Lekunberri라는 작은 마을로 향했다. 그 마을에 있는 호세 이그나시오 씨의 농장에는 450마리의 바스크 돼지가 있다.

농장은 레쿤베리 마을의 일반 거주지와 고작 차로 3~4분 정도 떨어진 곳에 있었다.

"올라! 부에노스 디아스!"

40대 중반 정도로 보이는 농부 호세 아저씨와 악수를 하는데, 와! 손이 어찌나 크고 두꺼운지, 어휴 한 방 맞으면 뼈도 못 추리겠다. 건장한 체격에 어깨가 다부지고 목은 짧아 격투기 선수를 연상시켰다.

농장의 입구는 큰 나무 목책으로 둘러져 있었다. 바깥에 차를 세우고 걸어 들어갔다. 응? 그런데 축사가 없다. 무려 8만 제곱미터의 농장이 전부 방목장이다. 450마리의 귀여운 얼룩 바스크 돼지가 뛰어놀고 있다. 중간중간에 있는 작은 구조물은 돼지들이 뛰어놀다가도 언제든지 들어가서 쉴 수 있는 개방형 공간이다. 어느 누구도 그 안에 들어가라고 강요하지 않았다. 다 돼지 마음이다. 어떤 친구는 나무 아래의 진흙탕에 들어가 머드팩을 하고 있다. 참고로 머드팩은 돼지가 가장 좋아하는 '반신욕' 놀이다.

바스크의 귀요미들에게 가까이 다가가자 녀석들은 재빠르게 도망쳤다. 야생성이 살아 있고, 집중 사육이 아니라는 증거이기도 하다. 집중 사육되어 길든 돼지는 사람이 오면 반갑다며 다가온다. 농부 호세는 사료를 내려놓고 가버린다. 그럼 돼지들은 자기가 원하는 만큼만 먹고, 또 뛰어논다. 넓은 방목장 안에서 부족함 없이 뛰어놀고, 분뇨는 자연 순환될 수 있도록 땅에 흩뿌려진다. 이런 방목이 우리나라에서 가능할까? 아프리카 돼지 열병과 싸우고 있는 2021년 당장은 힘들겠지만, 양돈 전문가들과 이야길 해보니 우리나라도 돼지를 축사에 가둔 채로만 길러야 하는 것은 아니라고 한다. 다양한 법적 이슈가 있지만, 바스크에서 목격한 방목은 우리나라에서도 현실적으로 시도할 수 있는 수준이었다. 모든 양돈업이 개방형 축사일 수는 없겠지만, 3~5%는 품종을 차별화하고 사육 방식을 차별화할 수 있지 않을까?

"호세, 이 친구 한 마리 팔면 얼마나 남아요?"

사실 대강은 알고 있었다. 유럽에서는 일반 돼지 한 마리를 팔아도 농부에게 남는 돈은 3만 원이 채 안 됐다. 호세는 그 큰 눈을 꿈뻑거리며 담담하게 이야기했다.

"300유로."

헉! 한 마리에 50만 원? 1년에 500마리를 팔면 순익만 2억 5천만 원이다. 이것이야말로 품종 차별화, 사육 방식 차별화의 승리이지 않은가! 농업도 이렇게 돈이 될 수 있다.

이어 호세가 설명해줬다. 예전엔 바스크도 우리와 마찬가지로 '효율성'만 따지는 양돈산업을 추구했다. 1980년대엔 50마리만 남아 멸종 위기까지 갔다가, 바스크 사람들이 정체성을 지키겠다는 의지로 부활시킨 돼지다. 지금은 숫자가 불어서 5,000마리쯤이라고 하는데, 그중에서 10분의 1이 호세의 농장에 있다. 바스크 재래돼지 농장 중 가장 큰 농장이라고 한다. 지난해 이 농장에서만 1,000마리를 출하했고, 올해는 1,500마리 출하를 목표로 한다고 하니. 이야, 호세 아저씨 완전 갑부 되겠네. 이거 동업할 방법 없나?

"호세, 이 돼지가 뭐가 다르길래 그렇게 가격이 비싸요? 더 크게 기르나?"

"특별히 더 큰 건 아니에요. 바스크 소비자들이 이 돼지가 다르다는 걸 알아줍니다. 그러니까 돈을 더 내주는 거예요. 소비자들이 바스크 돼지가 보통 돼지와 다르다는 걸 알게 되는 장소가 어딘지 아세요? 바로 식당이구요."

바스크 재래돼지는 멸종에 이르렀던 품종의 돼지다. 오래전 이 지역에, 이 지역의 사람들과 함께하던 돼지였으나 '생산성'의 이유로 버림받았다. 이는 바스크만의 문제가 아니라 생산성에 따른 경쟁, 비용 절감에 따른 경쟁의 결과였다. 우리도 한반도에 자생하던 돼지를 버렸고 일제를 통해 들어온 생산성 좋은 돼지를 선택했다. 다행히 제주도와 포항

에 우리 재래돼지의 원형이 남아 복원할 수 있었으나, 전 세계 각지의 재래돼지는 인간으로부터 버림받고 사라졌다.

비단 돼지에게만 해당하는 문제가 아니다. 닭, 사과, 귤 등 상업화된 모든 작물에 해당된다. 유전적 다양성이 사라지고 모든 것이 획일화되고 있다. 맛도 그렇고 특성도 그러하다. 내가 아는 우리나라의 한 농장에서는 생산성 좋은 3원 교잡종 돼지를 방목해서 사육해보기도 했지만, 머지않아 병들어 쓰러져버렸다. 이미 야생성도, 자생력도 사라진 탓이다. 잊지 말아야 한다. 급격한 기후 변화, 미지의 질병 창궐에 대한 불안은 날이 갈수록 증가하고 있다. 급격한 변화에 대항할 수 있는 우리 인간들 최후의 보루는 유전적 다양성의 확보뿐이다. 진화의 가능성을 열어두는 수밖에 없다는 것. 독특한 유전적 특성을 가진 바스크 돼지를 고집하는 농부 호세는 인류의 생존을 위한 전투의 최전선에서 싸우고 있는 셈이다.

호세는 바스크 돼지가 어디까지 자랄 수 있는지 알아내기 위해 재래돼지 한 마리를 관찰 중에 있다고 했다. 그 돼지의 무게가 무려 300kg(보통은 100~150kg쯤에서 도축한다)이 넘는다고 하니, 이 지역에 존재하는 가장 큰 생물체가 아닐까 싶다. 300kg의 바스크 재래돼지를 뒤로 하고, 우리는 바스크 돼지 전문 레스토랑인 마스카라다 덴다 Maskarada Denda로 향했다.

우리나라에서도 재래, 토종돼지를 복원하고 기르고자 노력하시는 학자와 농부들이 계신다. 또한 동물복지를 구현하고자 하시는 농부들, 방목을 시도하는 농부들도 계신다. 당장 내 주위에도 여럿이 있다. 이들을 지지하는 방법은? 간단하다. 그들의 상품을 찾아서 구매하고, 돈을 조금만 더 지불하면 된다. 그러면 농부들은 더 기르고, 개체 수는 늘어나게 된다.

마스카라다 덴다

식사에서 코스 요리란 무릇 순서가 있고, 그 순서에 따라 다른 자극을 준다. 시고, 짜고, 맵고, 달고. 또 풀떼기, 바다 단백질, 땅 단백질, 탄수화물……. 강약중강약의 리듬을 타며 시차를 두고 다양한 음식이 제공된다. 코스 요리는 좋은 음악을 듣는 것과 같다.

요리사에게 '매 코스에 반드시 닭고기를 써야 한다'라는 제약이 생기면 어떻게 될까? 이는 작곡가에게는 '4/4박자의 곡을 쓰면서 마디마다 반드시 '솔'을 세 박자 이상 써야 하오'와 같고, 화가에게 '당신이 쓸 수 있는 색은 빨간색, 시뻘건색, 불그스름한 색, 그리고 새빨간색이오'라고 하는 것과 비슷하다.

마스카라다 덴다의 내부 인테리어는 깔끔했다. 벽에는 바스크 전통 의상을 입은 남자들이 춤을 추는 그림이 걸려 있었는데, 치마를 입고 있었다. 바스크 전통 복장을 입은 사람들이 바스크 춤을 추는 그림이었다. 그림에 그려진 악기도 낯선 형태였다. 예술에 대한 갈망이 끓어오르자 배가 살살 고파졌다. 예술에 대한 욕구가 식욕으로 전환되는 순간이었다. 그런데 갑자기 내 앞에 이 레스토랑의 셰프가 딱 나타났다. 목이 짧고 주먹이 크고 두꺼운 농부 호세가 셰프복을 입고 있는 게 아닌가. 호세 아저씨, 멋지긴 한데요. 음식에 대한 기대감은 솔직히 좀 사라

지네요.

통역을 맡았던 뻬드로 아저씨도 당황해하는 눈치였다. 뻬드로 아저씨가 호세 아저씨랑 이야기를 나누는데, '아니, 당신이 왜 여기서 셰프복을 입고 나와? 셰프 나오라고 그래!' 이런 이야기를 하는 것 같다. 둘이서 한참 이야기를 나누더니, 뻬드로 아저씨가 미소를 지으며 내게 말했다.

"문 교수님, 이야기가 되게 재밌는데요? 호세 이 아저씨, 어릴 땐 유도선수였던 셰프 출신이랍니다."

'그래. 저 크고 두꺼운 손이 예사롭지 않았는데 역시 힘 좀 쓰는 사람이었네.'

"요리사가 돼서 바스크 돼지로 요리를 딱 했는데. 정말 너무 맛있더래요. 그래서 바스크 돼지 요리를 연구하다가 나중에는 바스크 돼지를 널리 알리기 위해서 직접 돼지농사까지 짓기로 했답니다. 그래서 돼지농사도 크게 짓고, 이 식당도 운영하고, 식당 바로 옆에서 바스크 돼지로 육가공도 하고 있대요. 쵸리소Chorizo 같은 거 만들어서 판매한답니다."

'돈을 긁어모으는구먼.'

바스크의 후예들이 뒤늦게 재래돼지를 복원하기 시작한 1980년대에 셰프였던 호세도 동참했다. 그리고 농부 호세로 변신한 것이다. 농부 호세는 길러서, 셰프 호세는 요리를 통해 소비자들에게 가치를 제안한다. 소비자들이 긍정적으로 화답을 해주면 농부 호세는 더 많은 바스크 돼지를 기를 수 있으니, 이 세상의 다양성이 커질 것이다.

호세는 다시 주방으로 들어갔고, 이어서 그의 음식이 나왔다. 12가지 요리로 구성된 코스였다. 맨 마지막 디저트를 빼곤 모두 바스크 돼지가 들어가 있었다. 모든 마디에 '솔'이 세 음 이상 들어간 작곡, 모든 붓질에 빨간색이 들어간 그림을 그린 것이다.

1. 토마토즙을 얹은 돼지 카르파쵸
2. 하몬(3년 숙성) 로모(4개월 숙성 등심)
3. 쵸리소
4. 돼지 파테(간 등등)
5. 돼지 크로케타
6. 라임으로 맛을 낸 돼지껍데기 크로켓
7. 삼겹살의 지방을 저며 타임과 로즈마리로 훈제하고, 트러플을 채움
8. 피멘톤과 소금에 절인 항정살
9. 병아리콩과 삼겹살(쎄크레토)

10. 살치살 스테이크와 타르타르소스

11. 바스크 새끼 돼지구이

12. 치즈케이크와 아몬드 센베

호세 셰프가 훌륭했냐고? 너무 훌륭해서 뽀뽀해주고 싶은 심정이었다. 동일한 식재료로 질리지 않는 변주곡을 만들어내다니, 기적 같은 일이었다. 모든 접시에 돼지고기가 올라왔지만 과하지도, 지겹지도 않았다. (배는 찢어질 듯 불렀지만) 창의적이면서도 바스크의 전통을 지키고 절도가 있었다. 점심 식사에 참여했던 우리뿐만 아니라, 손님들 대부분이 셰프 호세에게 큰 찬사를 보냈다. 그 찬사는 농부 호세에게도 전달되었을 것이고 그가 계속 바스크 돼지를 길러야 하는 충분한 이유가 될 것이다.

고작 5,000마리밖에 안 남았는데 이걸 먹어도 돼? 먹지 않고 보존해야 하는 거 아니야? 혹시 지금 이런 질문을 던지고 있는가? 그러나 역설적이게도 인간이 먹지 않으면 그 작물과 품종은 멸종한다. 인간이 먹어야 선택된다. 그래야 나중에 진화의 재료로 쓰이게 될 가능성이 생긴다. 모든 재래종이 다 살아남을 순 없다. 어쩔 수 없이 인간으로부터 가치를 인정받은 재래종만이 살아남는다. 선택되기 위해서 남다른 관능적 특성을 갖추고 있어야 한다. 그 가치를 찾아내어 소비자에게 전달하는 메신저가 바로 셰프다.

생태계에서 인간에게 주어진 선택권은 절대자에 가깝다. 작물들은 인간을 '신'이라고 여기고 있을지도 모른다. 신의 영역에 무한히 다가가고 있는 인간이 지구의 미래를 위해 할 수 있는 최선은 다양성을 유지하는 것이다. 그들이 살아남아야 인류도 영속할 수 있다.

레쿤베리 마을

우리는 앉아 있을 수도, 무거운 배로 뛰어다닐 수도 없었다. 하늘은 너무나 파랬다. 소화를 위해 마스카라다 덴다 식당에서 1km 떨어진 레쿤베리 마을을 걷고 또 걸었다. 유럽에서 시골 마을의 중심을 찾는 것은 어렵지 않다. 그냥 교회를 찾으면 된다. 교회를 중심으로 마을이 형성되어 있다. 장도 그 인근에 열린다. 도시라면 많은 변화가 있었겠지만, 시골의 마을은 몇백 년 전과 그리 차이가 없다.

바스크어로 'leku'는 '장소', 'un'은 '좋은'을, 'berri'는 '새로운'이라는 의미다. 따라서 Lekunberri는 '새롭고 좋은 곳'이라는 이름을 가진 마을이다. 솔직히 마을이 새로워 보이지는 않았다. 다만 작은 마을임에도 불구하고 깨끗하고 소박한 아름다움이 곳곳에 묻어 있었다. 돌로 만든 벽이 두텁고 창이 작은 것으로 보아 이 지역의 겨울이 혹독하리라는 것도 어렵지 않게 추측할 수 있었다.

8세기에 북아프리카의 무어인들은 지브롤터 해협을 건너 이베리아반도를 침공했다. 그 후 800여 년간 이베리아반도를 지배했다. 무어인의 흔적은 지금까지도 음식, 의복, 건축 등 스페인과 포르투갈 곳곳에 남아 있다. 스페인에 빠에야Paella 같은 쌀과 관련된 식문화가 있는 것도 이러한 영향 탓이다. 스페인 남부 지역에선 건축 양식에서도 그 영향이

8318 BHF

많이 남아 있다. 그러나 바스크 지역은 무어인들의 지배를 매우 짧게 받았던 곳이라 음식이나 건축물에 무어인들의 흔적이 거의 남아 있지 않다. 무어인들의 건축 양식에서 흔히 볼 수 있는 유려한 곡선과 아라베스크 장식을 레쿤베리 마을에선 찾아볼 수 없다. 가톨릭 특유의 투박함. 소박하다 못해 우직한 감성이 느껴졌다. 레쿤베리 마을은 흔히 이야기하는 관광지로서의 매력은 없지만, 바스카라다 덴다에서의 과격한 식사 후 산책을 하기엔 충분히 만족스러운 시골 마을이었다.

아수르멘디 레스토랑

바스크 지역은 스페인 내에서도 음식이 맛있기로 유명한 곳이다. 한국의 전라도가 스페인의 바스크다. 전라도는 한국의 남쪽에 있지만, 바스크는 스페인의 북쪽에 있다. 그러나 두 지역 사이엔 공통점이 존재한다. 일단 지리적으로 바다를 끼고 있다. '잘 먹는 동네'치고 바다와 멀리 떨어진 곳은 별로 없다. 해산물 없이 식탁을 다채롭게 차려내라는 것은 피아노의 흰 건반만으로 베토벤의 소나타를 만들라는 것과 같다. 불가능한 미션이다. 전라도 사람들과 바스크 사람들은 식재료의 특성을 잘 알고, 어떻게 조리를 해야 맛있는지도 잘 안다. 바다를 끼고, 바다에서 나는 재료를 적극적으로 활용한다는 것, 지역의 토종, 재래 재료에 대한 애착도 공통된 특징이다.

'목포, 해남, 영광'을 중심으로 한 전라 서西도와 '여수, 고흥, 순천'을 중심으로 한 전라 동東도 사이에도 차이점이 많다. 말투도 다르고 음식 문화도 다른 것처럼, 바스크도 '빌바오Bilbao'를 중심으로 한 바스크 서쪽과 '산 세바스티안San Sebastian'을 중심으로 바스크 동쪽은 다른 계통의 바스크어를 쓰고, 음식으로도 서로 경쟁한다.

특히 산 세바스티안은 '세계 음식의 수도'라고 불릴 만큼 미식 도시다. 산 세바스티안에 단지 음식을 맛보기 위해 몰려드는 관광객 수만 해도

어마어마하다. 크지 않은 도시에 미슐랭 3스타 식당이 세 개나 몰려 있다. '아케랄레Akelarre, 아르싹Arzak, 마르틴 베르사테귀Martin Berasategui'. 이 세 레스토랑은 산 세바스티안의 얼굴이자 자존심이다. 한편, 비록 미슐랭 3스타 레스토랑의 숫자는 산 세바스티안에 밀리지만 빌바오 역시 음식으로 유명한 도시다. 에네코 아차 셰프의 아수르멘디Azurmendi는 빌바오를 대표하는 미슐랭 3스타 레스토랑이다.

아수르멘디는 빌바오 시내와는 먼 곳에 있다. 빌바오의 상징이랄 수 있는 빌바오 구겐하임 미술관에서 대략 20km 떨어진 시골에 위치한다. 도저히 미슐랭 3스타 레스토랑이 여기에 있을 리가 없다고 생각되는 곳, 꽤 높은 산 중턱에 그곳이 있다. 2016년에 아수르멘디를 방문한 적이 있었다. 나는 내비게이션이 길을 잘못 안내하고 있다는 의심에 빠질 수밖에 없었다. 밤중이라 가파른 경사를 올라가며 공포감을 느꼈고, 가로등

따위는 있지도 않았으며, 저 멀리 산 중턱에 흐린 불빛 정도만 보일 뿐이었다. 어쨌든 바로 거기, 아수르멘디가 있었다. 어쩌면 힘겹게 갔던 곳이라 전체 식사에 관한 기억이 더 훌륭하게 남은 건지도 모르겠다.

식사 시간보다 20분 먼저 도착했더니 아수르멘디의 문은 굳게 닫혀 있었다. 안쪽으로 스태프들이 보이기에 문을 두드렸는데, 못 들은 것인지 못 들은 척하는 것인지 전혀 반응이 없었다. 어쩔 수 없지. 주변을 둘러보니 레스토랑 위의 'Sustainable Center'라는 곳의 불만 켜져 있었다. 딱히 할 일도 없어서 어두컴컴한 건물을 돌아 '지속가능 센터'의 입구를 향해 천천히 걸어갔다. 보통 영화 속에서는 이런 문 안으로 들어가면 문이 탁 닫히면서 엉뚱한 상황이 전개된다. 알코올이 든 커다란 유리 실린더에 담긴 외계인이나, 나에게 친한 척할 리가 없는 잘 차려입은 미남이나 미녀가 나타나서 술잔을 건넨다던가. (절대 받아 마시면 안 되지만 스토리 전개상 받아 마셔야 한다.) 안으로 들어가 보았더니, 역시 무언가 특별한 느낌이 들었다. 알코올이 든 커다란 유리 실린더는 아니었지만 작은 시험관 안에 콩알 같은 것이 들어가 있었다. "이 콩알 같은 건 뭐지?"라고 중얼거리며 가까이 다가갔더니, 진짜 '콩알'이었다. 그곳에는 경제성이 없어 더 이상 재배하지 않는 바스크의 재래콩 씨앗들이 고이 보관되어 있었다. 아수르멘디 레스토랑의 셰프인 에네코는 어렸을 적에 바스크에서 먹었던 콩들이 사라지는 것이 안타까워서 바스크 각 지역에서 재래콩 종자들을 모으게 되었다고 한다. 다양성과 지속가능성. 나는 찬찬히 공간을 둘러보며 아수르멘디가 존재해야 하는 이유를 곱씹었다. 그 공간은 내게 아주 좋은 에피타이저였다. 훌륭한 에피타이저를 맛보았으니 음식은 맛있을 수밖에 없지 않나? 음, 그것도 에네코 셰프의 의도된 설계이려나.

어둠 속에서 이런저런 생각에 잠겨 있을 때, 아수르멘디에 저장된 바스크 유래의 생명 역사의 단면을 사진으로 담는 장 셰프의 카메라 셔터 소리가 들렸다. 그리고 정확히 20분 후에 아수르멘디 레스토랑에 불이 켜졌다. 3시간이 넘게 식사를 하는 동안, 나는 에네코 셰프와 스태프들이 직접 키운 콩과 바스크의 식재료로 만든 음식들을 맛보고 즐겼다. 아니, 콩 한 알 한 알과 채소 한 줄기 한 줄기를 즐겼다. 그리고 3년 후 오늘, 나는 다시 에네코 셰프를 만나러 돌아왔다.

에네코 레스토랑

이번 스페인 시골 여행에서는 주머니 사정이 여의치 못하다. 그러나 지속가능성을 지지하기 위해선 조금 더 높은 비용을 지불해야 한다. 지속가능한 미래를 열려면 다양성을 확보해야 하는데, 다양성은 효율성의 반대편에 있는 경우가 많다. 즉, 미슐랭 3스타 아수르멘디는 비싸다. 분하지만 어쩔 수 없이 에네코 셰프의 세컨드 레스토랑인, 그의 이름을 그대로 딴 '에네코ENEKO' 레스토랑을 방문하기로 했다. 오, 무시하지 마시라. 에네코 레스토랑도 미슐랭 1스타 레스토랑이다. 아수르멘디에서 걸어서 3분 거리에 있다.

다시 돌아온 시골의 산 중턱에서 또 한 번 그의 메인 레스토랑 아수르멘디 위에 있는 '지속가능 센터'를 둘러보았다. 그리곤 산 아래의 에네코 레스토랑으로 걸어 내려가는데, 에네코 셰프의 사촌 동생이 레스토랑에서 재배하고 있는 와인용 포도밭을 보여주겠다고 했다. 주로 화이트 와인을 마시는 바스크 지역의 특성상, 바스크 토착 청포도 품종을 기르고 있었다.

양조용 포도의 관점에서 이야기하자면, 따뜻한 지역에서는 주로 레드 와인용 적포도를, 서늘한 지역에서는 화이트 와인용 청포도 품종을 재배한다. 선호의 차원보다는 품종의 특성이 기후에 적합하기 때문이

다. 프랑스에서도 '보르도Bordeaux, 부르고뉴Bourgogne, 론Rhône' 지역에서는 적포도를, 북동쪽의 서늘한 '알자스Alsace'에서는 리즐링Riesling이나 게뷔르츠트라미너Gewürztraminer와 같은 청포도 품종을 주로 재배한다. 스페인도 프랑스와 마찬가지다. 바스크를 포함한 북쪽 지역에서만 청포도 품종을 주로 기르고, 바스크 지역에서 차를 타고 남쪽으로 2시간만 가면 나오는 리오하Rioja 평원에서는 적포도 품종을 재배한다. 리오하 평원에서는 스페인을 대표하는 포도인 뗌쁘라니요Tempranillo를 주로 재배한다.

에네코 레스토랑에서 기르고 있는 토착 품종은 프랑스에서 보던 포도나무와 달랐다. 키가 아주 크고 잎도 넓고 컸다. 포도 품종에 관한 설명을 들어보니, '온다라비 수리 세라띠아Hondarrabi zuri zerratia'라는 품종이라고 하는데 처음 듣는 품종이었다. 포도나무의 키가 큰 이유도 포도잎이 넓고 많이 달리는 품종의 특성 때문이었다. 포도알이 잎에 가려 햇볕을 잘 못 받을 수 있기에 나무의 키가 더 크게 자라도록 지지대를 높이 세워 준다는 것이다. 잎과 잎 사이의 틈을 벌려주려는 의도다. 특별히 개량하지 않은 품종이라서 입이 넓은 것에 비해 포도알은 많이 달리지만 포도송이는 작았다. 단지 생산성만 따진다면 이 품종의 포도나무는 다 베어졌을지도 모른다. 우리가 와인을 즐길 때 포도를 품종별로 구분해서, 내 취향의 와인에 약간의 돈을 더 내고 마셔야 하는 이유다. 와인뿐만이 아니다. 모든 음식은 농산물로 만들며, 농산물에는 품종이 있다. 내 취향을 알고 내 취향에 맞는 음식을 잘 찾아서 적절한 금액을 지불하고 먹는 것이 훌륭한 소비자의 태도다.

에네코 셰프의 사촌은 포도밭을 보여 주고 나서 레스토랑 한쪽에 있는 양조장 안에서 시음을 하자고 한다. 운이 좋다. 그가 꺼내 온 몇 종의 와인을 시음을 하는데, 이번 시골 여행에 동행한 까를로스가 시음을 하다가 고개를 갸우뚱하더니 나에게 와서 조용히 묻는다. 까를로스는 학교에서 학생들을 가르치고 있다.

"혹시, 여기 땅이 예전에 바닷속이었다가 솟아오른 곳이야?"

"잘 모르겠는데. 왜?"

"와인에서 생선 냄새가 나."

"생선?"

"응. 생선."

"그런 냄새가 나진 않는데?"

"바스크 사람들 생선 많이 먹지?"

"응. 그렇지. 대구를 특히 많이 먹지."

"바스크 사람들 음식과 마리아주를 맞추기 위한 그런 특별한 와인일

까? 의도적으로 만든 걸까?"

"음, 그렇진 않을 거야."

까를로스는 에네코 셰프의 사촌 동생에게 뭔가 물어볼 듯한 태세다. 나에게 곁눈질하며 다시 묻는다.

"생선 맛 떼루아라는 게 있나?"

"하지 마. 그런 거 없어."

우리 그룹 앞에서 이 와인을 만드는 데 사용한 바스크 재래 포도 품종이 무엇인지, 어떤 방식으로 양조했는지를 열심히 설명하는 에네코 셰프의 사촌 동생을 가리키며 까를로스는 나지막하게 이야기했다.

"그렇다면, 물어봐야겠어. 어떻게 와인에 생선향을 집어넣었는지."

"아니야. 묻지 마. 그건 매너가 아닌 것 같아."

하지만 까를로스는 번개 같은 속도로 손을 들며 질문을 했다.

"여기 와인에 생선 맛을 어떻게 구현했어요?"

통역을 해야 하는 뻬드로 아저씨의 얼굴은 사색이 되었으나 그는 프로답게 통역을 했고, 질문받은 에네코 셰프의 사촌 동생은 당황하고, 온도가 연중 일정해야 할 양조장의 실내 온도는 까를로스의 질문으로 후끈 달아올랐는지 냉방용 팬이 막 돌기 시작했다. 찰칵찰칵 사진을 찍던 장 셰프의 한숨 쉬는 소리도 들렸다. 잠시 후 장 셰프의 모습은 저 멀리 사라져가고 있었다. (참고로 잔을 깨끗이 닦지 않으면 잔에서 물비린내가 날 수도 있다는 이야기를 나중에 까를로스에게 해주었다.)

우리는 쫓기듯 레스토랑으로 갔고, 점심 식사가 시작되었다. 에네코 레스토랑의 음식은 대단히 훌륭했다. 스페인 모던 퀴진 특유의 작은 타파스 포션으로 일반적인 프렌치 코스보다 더 긴 코스를 구성했다. '호기심'과 '다양한 오감 자극'을 극한으로 끌어올리는 흥미로운 코스 요리였다. 중간중간 간장 맛이 느껴져서 '에네코 셰프가 동양 음식에 관심을 좀 가지는구나'라는 생각이 들기도 했다.

식사를 마친 후, 에네코 셰프와 인터뷰를 하기 위해 아수르멘디로 걸어갔다. '아, 내가 조금만 더 부자였더라면, 오늘 저기서 밥을 먹었겠지?'라고 생각하고 있는데, 에네코 셰프가 로비로 나와서 악수를 청하며 반갑게 인사를 건넨다. 그의 뒤로 젊은 동양인 요리사들이 따라 나왔다. 아수르멘디에서 일하고 있는 한국인 요리사들이었다. 그중 한 명은 낯이 익었다. 몇 년 전에 왔을 때 아수르멘디에서 수습생 요리사로 일하던 친구였는데, 이젠 셰프급 위치에 있었다. 그래서 음식에서 살짝 동양풍의 그 무엇이 느껴졌나?

에네코 셰프와의 대화는 매우 직선적이었다. 그가 관심을 가지는 것은 레스토랑 전반에서 엿볼 수 있듯 지속가능성이었다. 바스크의 작물을 잘 보존함과 동시에 다양성이 커지는 전반을 제시하고 있었다. 그가 지속가능성과 다양성에 대해 중요한 한 마디를 덧붙였다.

"사람을 길러내는 것에 관심이 많아요. 요리는 사람이 하는 겁니다. 바스크의 요리도 사람이 하는 거구요. 바스크의 요리가 바스크의 식재료를 존재하게 만든다는 것에 동의하시나요? 그러니까 여기서 일하면서 배우고 있는 한국 친구들이 어쩌면 사라져 가는 바스크 식재료의 명맥을 잇게 해주는 마지막 사람이 될지도 모르는 거죠. 결국은 교육이에요."

쵸코

쵸코Txoko는 스페인 북부 바스크 지역의 독특한 문화다. 회원제 사교 클럽으로서 마음 맞는 친구, 동지들끼리 클럽을 만들고 돈을 모아서 그들만의 아지트를 구축한다. 시내 인근의 건물 지하를 임대하거나 공동 구매하여 회원들끼리 음식을 해 먹을 수 있는 시설을 갖춰 놓는다. 이런 클럽을 쵸코라고 부른다.

쵸코에서는 예약 장부를 두고 회원들끼리 예약을 통해 아지트에 모인다. 매일매일 다른 구성의 멤버들이 다양하게 모이는 것이다. 만약 회원이 지인을 초청하는 경우엔 미리 다른 회원들의 양해를 구한 후 함께 올 수도 있다.

쵸코엔 셰프가 없다. 서비스 인력도 없다. 회원들이 미리 장을 봐 주방에서 직접 조리를 하고 함께 먹고 마시며 즐긴다. 말 그대로 아지트다. 바스크 남자들은 자신이 속한 쵸코에 강한 소속감을 느끼고 회원들과 교류한다. 바스크에서 비즈니스의 출발점은 이 쵸코일 것이라는 것은 쉽게 추측할 수 있다. 한 군데만 가입한 사람도 있으나, 다수의 쵸코에 가입한 사람들도 많다. 예전엔 여성의 가입을 금지했으나, 이젠 여성도 쵸코에 가입해 함께 교류한다. 쵸코도 평등해지고 있다는 증거다.

수백 년이 된 이 문화는 20세기 초 스페인 프랑코 독재 시절, 바스크

저항의 상징이기도 하다. 바스크의 문화와 언어를 탄압하는 프랑코 정권을 피해 사람들은 건물 지하에 숨어들었다. 그들은 바스크 언어로 이야기하고 바스크 노래를 부르며, 바스크의 식재료로 바스크 음식을 요리하며 그 문화를 유지했다. 그렇게 독립을 꿈꾸었다. 이제 프랑코의 독재는 끝났고 비밀스럽게 숨어 있던 쵸코는 수면 위로 올라왔다. 바스크의 후예들은 여전히 프랑코와 그의 지지자들을 증오한다. 그들에 대한 분노가 치밀어 오르면 다시 쵸코에 모인다. 술과 음식을 즐기며 바스크어로 대화하고 그들을 저주하며 분노를 삭인다. 쵸코는 그런 용도다. (그냥 친구들과 모여 먹고 마시고 놀고자 하는 이유가 물론 더 많을 듯.)

그런데 바스크 지역의 오랜 쵸코 문화가 만든 부작용이 하나 있다. 바스크 지역을 바스크 사람들도 모르게 '미식의 나라'로 바꾼 것이다. 아재들이 모여서 식재료를 구해 요리하다 보니 자연스레 다양한 레시피가 등장했다. 그 레시피는 쵸코 내에서 회원들끼리 교환되고 그들의 가족들에게도 전해졌다. 그렇게 바스크 지역은 스페인 내에서도 음식이 맛있는 지역으로 유명해졌다. 특히나 쵸코 문화가 발달한 산 세바스티안은 전 세계 사람들이 음식을 먹기 위해 모이는 미식의 도시가 되었으며, 이로 인한 외식 및 관광 수입이 어마어마하다.

지금의 쵸코는 스페인 민주화 이후 일반적인 식당으로 전환된 곳들이 많지만, 여전히 예전 '비밀 결사' 사교 클럽의 전통을 지키는 곳도 존재한다. 나와 장 셰프 그리고 소수의 친구들은 산 세바스티안의 '진짜' 쵸코 회원으로부터 바스크의 쵸코 문화를 경험할 기회를 얻었다. 그는 바스크의 전통 해산물 요리인 '바깔라오 알 삘삘Bacalao al Pil Pil'을 해주겠다고 했다. (바깔라오Bacalao는 '대구'를 의미하고, 삘 삘Pil Pil은 '뽀글뽀글'을 의미한다.)

스페인 바스크 지역의 전통 음식인 '바깔라오 알 삘 삘'은 희한한 레시피로 만들어진다. 염장 대구를 올리브 오일에 담가 까수엘라Cazuela 방식으로 조리한다. 여기서 까수엘라 방식이란 기름에 식재료를 푹 담가서 낮은 온도를 유지하며 천천히 익히는 스페인 전통의 조리법을 의미한다. 지지거나 튀기는 것과는 다르다. 까수엘라로 대구를 조리한 뒤, 대구에서 나온 육즙을 뽑아내 버린다. 올리브 오일로 조리하므로 아래에 육즙이 모여 있는데, 그걸 다 버린다. 그리고 다시 한번 뭉근하게 끓인 다음 둥그런 까수엘라 판을 양손으로 잡고 돌리기 시작한다. 말 그대로 손으로 막 빙글빙글 돌린다. 상상이 쉽사리 되지 않을 텐데, 까수엘라 판을 마치 훌라후프 돌리듯 돌린다. 이렇게 판을 일정 시간 이상 돌리면 대구가 갖고 있던 젤라틴 성분이 올리브 오일과 엉기면서 물성이 바뀌고, 뿌연 삘삘 소스로 변한다. 그걸 먹는 것이 바로 바깔라오 알 삘삘. 독특하다.

이런 특별한 경험을 포기할 수 있을까? 우리는 비록 시골은 아니지만, 쵸코의 성지 산 세바스티안으로 향했다. 일부러 목적지와 좀 먼 곳에 차를 세워 놓고, 멋진 해변을 가로질러 산 세바스티안 시청 쪽으로 걸었다. 우리의 목적지인 그 쵸코는 시청을 지나 10분 정도 걸어가니 나왔다. 산 세바스티안 시청 뒤편 구시가지는 흔히 세계 최고의 핀초스 바들이 모여 있는 골목으로 알려진 곳이다. 혹 다음에 산 세바스티안에 방문할 일이 있다면 적어도 두 끼 정도는 핀초스 골목에서 모험적으로 식사를 해결할 것을 추천한다. 이 바에서 2개, 저 바에서 2개. 여기저기 뛰어다니면서 즐기는 게 핀초스 바에서의 식사법이다. 가게마다 각기 다른 독특한 메뉴들이 가득하다.

이 어마어마한 유혹을 뿌리치고 초청받은 쵸코로 곧장 가고 싶었으

MARTINI
MARTINI

나 불가능이었다. 어쩔 수 없이 핀초스 두 개를 사 먹었다. 하나는 이 지역 최고의 식재료 중 하나로 꼽히는 앙굴라Angula를 올린 핀초스, 다른 하나는 이베리코 돼지로 만든 하몬Jamón이 올라간 핀초스였다. 앙굴라는 새끼 장어를 말하는데, 그 가격이 너무 비싸서 (1kg에 무려 150만 원이나 한다!) 스페인에서는 이와 비슷한 모양으로 맛살을 만들어서 먹는다. 그리고 진짜 새끼 장어인 앙굴라와 구분하기 위해 굴라Gula라고 부른다. 물론 내가 먹었던 핀초스는 진짜 새끼 장어가 아닌 맛살, 굴라 핀초스였다. 우리가 게맛살을 먹듯 이 지역 사람들은 앙굴라 맛살(우리의 게맛살과 같은 재료다)을 흔히 먹는다. 흥미롭게도 이 '굴라'라는 스페인어의 원래 뜻은 '폭식'이라고 한다. 나는 핀초스 바에 슬쩍 들러 '굴라'를 먹고 '굴라'를 하러 쵸코를 향해 씩씩하게 걸어갔다. 아무튼 황홀한 핀초스 골목을 무신경하게 지나치는 것은 불가능하다. 지나가다 쑥 들어가서 "이거 하나요!"라고 말하고 톡 집어 먹고, 잔돈 툭 주고, 다시 휙 나갈 수 있는 음식이라 더욱 그러한 것 같다.

산 세바스티안: 쵸코를 가다

바스크 전역에 쵸코 문화가 있지만, 정점은 역시 산 세바스티안이다. 주요 쵸코들은 산 세바스티안의 구시가지에 있다.

오야고라 도노스티아Ollagorra Donostia, 우리를 초청해준 쵸코의 이름이다. 도노스티아는 산 세바스티안의 바스크식 표현이다. 쵸코의 입구에는 이들을 상징하는 벌새 문양의 그림이, 1906년에 설립되었다는 유구한 역사를 보여준다. 건물의 현관문은 잠겨 있고, 허락된 사람만 들어갈 수 있다. 한 번 더 이 책을 읽고 계신 독자분들을 위해 설명하지만, 쵸코는 식당이 아니므로 막 밀고 들어가면 안 된다. 외부인은 반드시 그 쵸코 회원의 초청과 다른 회원들의 허락을 받고 들어가야 한다.

'오야고라'는 1900년대 초반, 사냥을 즐기던 이 근방의 바스크 사람들이 모여 만들었다. 1813년 나폴레옹의 프랑스군과 영국-포르투갈 연합군 사이에서 산 세바스티안 대공방전이 벌어졌다. 대공방전으로 인해 많은 건축물이 불타고 파괴되었는데, 그때 살아남은 산 세바스티안의 가장 오래된 건물 중 한 곳에 오야고라가 있다. 오야고라는 산 세바스티안의 역사와 바스크의 정통성을 수호하고자 하는 사람들이 모인 소셜

클럽이고, 다른 쵸코들도 그런 정신을 가지고 있다.

유튜브에 들어가서 'Ollagorra Donostia'를 검색해 보면, 매년 1월 20일에 벌어지는 산 세바스티안 드럼 퍼레이드Tamborrada de San Sebastián에 출전 중인 오야고라 쵸코 회원들의 모습을 볼 수 있다. 이들은 가슴에 벌새 마크를 달고 북을 치며 행진한다. 산 세바스티안 드럼 퍼레이드는 산 세바스티안에서 가장 유명한 축제기도 하다. 퍼레이드에 참여한 사람들 모두 드럼을 치며 도시 전역을 행진한다. 흥미로운 점은 참여자들이 입고 있는 옷이다. 그들은 1813년 공방전 때의 각국의 군복, 또는 요리사복을 입고 행진한다. '우리 바스크 사람들은 맹렬히 싸운다! 그래도 일단 밥부터 잘 묵고!'라는 메시지를 던지는 것 같다.

이 드럼 퍼레이드의 시작은 1830년대부터인 것으로 기록되어 있으나, 어쩌다 시작하게 되었는지는 명확하지 않다. 다만 오늘날까지 산 세바스티안의 여러 쵸코들의 협동과 주도로 지속되고 있다. 앞서 언급했듯이 예전의 쵸코는 여성 회원을 받지 않았다. 때문에 여성의 퍼레이드 참여도 불가능했다. 그러나 세상은 바뀌고, 보수적이었던 바스크 사람들도 바뀌었다. 이젠 여성들이나 아이들도 퍼레이드에 함께 참여하며 온 도시가 축제를 즐긴다.

쵸코의 입구 앞에 섰다. 겉만 봐서는 그리 큰 특징이 없는 오래된 건물이었다. 오야고라 쵸코는 그 건물의 지하에 있으므로, 우리는 계단을 내려갔다. 높지 않은 천장, 오래되고 검소해 보이는 집기들. 특히 식탁과 의자는 연식이 오래됨이 분명했지만 깨끗하게 관리되고 있었다. 그리고 우리를 반겨주는 아이토르 아저씨. 오야고라 쵸코에서 간부급 위치(이러니까 무슨 범죄집단 같잖아)에 있는 분이다. 본업은 프랑스와 스페인을 오가며 식재료를 판매하는 상인이었고, 쵸코의 회원으로 오랫동안 활동하셨다고 했다.

"반갑습니다. 초청해 주셔서 감사해요."

"자, 일단 챠콜리Txakoli부터 드세요. 우리 바스크 사람들은 챠콜리로 시작합니다."

바스크 사람들은 챠콜리로 시작해서 챠콜리로 끝난다. 더욱 정확히 말하자면 끝나지 않는다. 챠콜리는 바스크 사람들이 즐기는 바스크 스타일의 와인이다. 바스크 지역의 토착 품종 적포도나 청포도(백포도가 아니다)로 만드는 와인인데 보통은 화이트 와인으로 즐긴다. 그해 수확한 포도로 양조해서 오래 숙성하지 않고 금년에 마시는 게 특징이다. 그래서 챠콜리에선 신선한 풋사과향 비슷한 것이 올라오고 옅은 스파클링과 더불어 풀잎 같은 초록빛이 돈다. 산 세바스티안의 해산물과 잘 어울릴 수밖에 없는 운명을 타고난 와인이다. 알코올 도수도 일반 와인보다 낮다.

아이토르 아저씨는 '오늘은 내가 요리사!'라는 것을 강조하듯 세프복을 입고 있었다. 우리와 식사를 하기로 한 다른 쵸코 멤버 세 분은 편한 일상복 차림으로 앉아 있었다. 아이토르 아저씨는 우리를 위해 미리 장을 봐두셨다. 아, 물론 챠콜리도 박스 가득 쌓아뒀다. 그런데 수십 박스가 쌓여 있네? 냉장고도 꽉 찼네? 챠콜리를 연거푸 마신 아이토르 아저씨는 통역을 맡은 뻬드로 아저씨께 아주 긴 이야기를 털어놓았다. 한참 이야기를 듣던 뻬드로 아저씨가 통역을 했다.

"여기에 외부 사람이 쉽게 들어올 수 있는 게 아니래요. 자신이 조직의 중간 보스급 이상이라서 이렇게 여러 명 초청이 가능한 거라고 하시네요. 오늘 종일 좋은 재료를 구하러 장 보러 다니셨답니다. 산 세바스티안의 최고로 신선한 재료를 맛보실 거라고. 그리고 챠콜리도 맘껏 드시되 굳이 다 드실 필요는 없다네요. (다행이다!) 원래 여기에서는 식재료는 각자 사와야 하고요. 와인이랑 음료만 미리 공동 구매해두는 거라고 합니다. 남으면 다른 분들이 또 마시고요. 자기가 마신만큼 장부에 써놓고 나가는 방식이래요."

재밌는 시스템이다. 세상의 모든 이들이 꿈꾸는 그런 아지트다! 사실 쵸코는 원래 바스크 사람들, 아니 엄밀히 말하자면 바스크 '남자'들의 아지트였다. 사냥하고 낚시해온 고기로 요리를 하고 술을 마시며 함께 노래를 부르는 곳이다. 나는 궁금했던 점을 아이토르 아저씨에게 물었다.

"어째서 예전엔 여성들을 쵸코에 못 들어오게 했나요? 바스크에 가부

장적인 문화적 배경이 있나요?”

아이토르 아저씨가 뻬드로 아저씨의 통역을 듣더니 슬쩍 눈치를 보면서 답했다.

“여자들이 들어오면 와이프들이 함께 오잖아. 그러면 무슨 일이 생기겠어? 술 못 먹게 할 거 아니야. 그래서 우리 할아버지들이 쵸코에 여자를 못 들어오게 한 거야. 그땐 그랬지만 이젠 모든 게 바뀌었지.”

어쩔 수 없다는 표정을 익살스럽게 짓고 있는 아이토르 아저씨 뒤편 건너 테이블에는 세 명의 바스크 여성이 두 명의 남성과 함께 챠콜리를 시원하게 들이켜고 있었다. 그래도 오야고라는 변화의 흐름에 발맞춰 나가는 쵸코다. 여전히 여성의 출입을 금하는 쵸코들도 꽤 있다.

“이 쵸코에 가입하려면 어떻게 해야 하나요? 자격 요건이 어떻게 돼요?”

“우리는 회원 수가 정해져 있어. 지금은 꽉 차서 더 들어올 수가 없지.

회원 중에 누가 죽어야 들어올 수 있어. 지금 들어오려고 줄 서 있는 사람들도 꽤 있고. 사실 나는 여기 말고도 다른 쵸코 네 곳에 더 가입되어 있거든. 그런데 오야고라가 전통도 있고 훌륭한 회원들이 많아서 들어오려고 하는 사람들이 많지."

여기서 인맥이 만들어지고 비즈니스가 이루어진다. 바스크에서 사업을 하려면 영향력 있는 사람들이 많은 쵸코에 들어가야 하겠구나. 그런 특성 탓에 외지인이 들어와 사업하기 쉽지 않겠다고 생각하고 있던 무렵, 아이토르 아저씨가 벌떡 일어서더니 이제 요리를 시작하겠다고 했다. 그리곤 쵸코의 공동 주방으로 향했다.

에피타이저로 나온 바스크식 소시지 치스토라Txistorra와 챠콜리의 조합으로 기분이 좋아질 때, 아이토르 아저씨의 첫 요리가 나왔다. 치피로네스Txipirones라고 불리는 꼴뚜기와 비슷하게 생긴 작은 오징어로 만든 요리였다. 캐러멜라이즈한 양파와 치피로네스의 먹물과 함께 치피로네스를 볶았다. 뭔가 한국스러웠다. 산미가 있는 챠콜리와 찰떡궁합이었다. 아이토르 아저씨는 이 요리가 가장 산 세바스티안다운 요리라며 자랑했다. 그리고 대망의 대구 요리, '바깔라오 알 삘삘'을 요리하겠다고 선언했다.

지나고 나서야 하는 이야기지만, 사실 이때 작은 소동이 있었다. 신기한 형태로 굳어가는 요리인 바깔라오 알 삘삘을 조리한다고 하니 이를 촬영해야 하는 장준우 셰프와 나, 통역 담당인 뻬드로 아저씨, 몇몇이 주방으로 따라 들어갔다. 주방에 있던 다른 쵸코 멤버가 우리를 향해 "외지인이 여기에 이렇게 주방에 들어 오면 안 돼!"라고 했는데, 이것이 아이토르 아저씨의 성질을 건드린 것이다. 아이토르 아저씨는 그에게 "우

리 바스크의 문화와 정신을 알려주려는 거잖아!"라고 응수했고 다툼이 벌어졌다. 아, 바스크 아재들. 소문대로 세더라. 삿대질하고 싸우는데, 바스크어라 알아듣지도 못하겠고 무서워서 테이블로 쪼르르 돌아왔다. 다행히도 소동은 일단락되었고, 우리는 쫓겨나지 않았으며, 맛있는 바깔라오 알 삘삘이 우리의 테이블 위로 올라왔다. 그 유명한 대구 요리를 만나게 되어 반가웠다. 조금 더 설명해주고 싶지만, 바깔라오 알 삘삘의 오묘한 맛은 도저히 설명을 못 하겠다.

대구 요리도 무사히 끝냈고 소동도 끝났지만, 아이토르 아저씨는 상기되어 있었다. 아저씨가 주방에서 칼을 들고나올 땐 조금 무섭기도 했다. 그런데 털썩 앉더니 이 동네 치즈라며 칼로 숭덩숭덩 치즈를 잘라서 접시에 담아주었다. 다시 챠콜리로 건배를 하고, 이렇게 쵸코에서 우리는 친구가 되어갔다.

이 시점에서 스페인의 식사 매너에 대한 이야기를 좀 해보자. 식사 매너라는 것이 무릇 반드시 따라야 하는 것도 아니고, 상황에 따라, 또 지역마다 조금씩 다른 것은 분명하다. 그러나 스페인에서 캐주얼한 식사 자리라면 다음과 같은 규칙을 따르면 적어도 욕먹진 않을 것이다.

1. 양손은 반드시 보이게 테이블 위에 올려둬야 한다. 절대 아래로 내리면 안 된다. 이유는 테이블 아래에 칼을 쥐고 있을까 봐. 스페인에서 식사를 할 땐 손을 테이블 위의 식기 근처로 두는 것이 좋다.

2. 빵은 보통 접시 위가 아닌 테이블보에 올린다. 한국인에겐 어색할 수 있다. 그러나 스페인에선 빵을 식기 옆에 두는 것이 원칙이다. 프랑스에서도 바게트를 바구니에 넣어서 내기도 하지만, 그냥 식탁보 위에 올려 두는 것이 일반적이다. 먹다가 잠깐 내려 둘 때도 식탁보 위에 두면 된다. 한 번은 스페인 친구에

게 “그냥 먹던 접시에 두면 안 돼?”라고 물은 적이 있는데, “소스가 묻으면 빵이 축축해지잖아”라는 대답이 돌아왔다.

3. 2와 이어진다. 빵을 수프나 소스에 찍어 먹으면 스페인 사람들의 세상은 멸망한다. 스페인 사람들에게 빵이 축축해지는 것은 한국 사람으로 치자면 김칫국물에 마른 멸치를 말아 먹는 느낌이라고나 할까? 나와 친분이 있는 한국인 스페인어 선생님 한 분은 마드리드 유학 시절 학교 식당에서 요거트에 빵을 찍어 먹었다가 한 번만 더 그런 식으로 먹으면 죽여버리겠다는 친구들의 외침을 들었다고 한다. ‘물에 적신 빵을 네게 먹여버리겠다’라는 것은 스페인에서는 상상만 해도 끔찍한 고문이다.

4. 스페인 대부분 지역에서는 빵에 버터를 발라 먹지 않는다. 그냥 먹거나, 아니면 올리브 오일에 적셔 먹는다. (아, 왜 수프나 소스는 안 되고 올리브 오일은 되냐고!) 딱딱한 빵에 생마늘을 막 비비고 토마토를 막 비벼서 먹는 건 괜찮은데 버터는 이상하단다. 실제로 나도 경험한 적 있는 일이다. 스페인의 어느 식당에서 버터를 달라고 했더니 홀 직원이 “버터? 그건 왜?”라고 되물었고, 빵에 발라 먹으려고 한다는 대답에 ‘한심한 놈’이라는 눈빛으로 나를 봤다.

5. 스페인에서도 다른 서양 국가들의 식문화처럼 기본적으로 왼손엔 포크, 오른손엔 나이프를 든다. 때론 오른손에 포크를 쥐고 왼손으로 빵을 쥔 채 빵을 나이프처럼 쓰기도 한다. 물론 스페인을 제외한 그 어떤 나라에서도 이런 짓을 하면 안 된다. 오직 스페인에서만 통하는 식사 매너임을 기억하자.

6. 술로 건배할 때는 상대방의 눈을 뚫어지게 봐야 한다. 이건 프랑스나 이탈리아도 마찬가지다. 이글거리는 눈으로 상대를 쳐다보지 않으면 7년 동안 재수가 없다는 말이 있다. 농담이 아니라 실제로 바스크 사람들이 내게 해준 이야기다.

7. 식사 중에 옆 테이블이 시끄럽다고 눈치 주면 안 된다. 스페인에서 밥을 먹으려면 시끄러워야 한다. 싸우는 것처럼 들릴 수 있지만 그건 절대 싸우는 것

이 아니라 즐거움의 절정에 이른 순간이다. 스페인 식당은 부산 자갈치시장과 같다고 생각하면서 그 소음을 식사의 일부로 즐겨야 한다.

8. 7과 이어진다. 옆 테이블이 시끄러운 것을 참으려면 우리 테이블도 끝없이 떠드는 수밖에 없다. 가능한 한 말을 길게 하고 대화가 끊기면 안 된다. 스페인의 식사는 누가 더 시끄럽게 먹는지 겨루는 자리다. 대한민국 선비가 한 발짝 떨어져 관찰하면 정말 가관이다. 쉬지 않고 이야기를 하면서 팔 동작들은 또 얼마나 큰지. 뻬드로 아저씨가 예전에 한국을 방문했을 때였다. 나와 함께 식당에서 식사를 하는 도중에 그는 자연스럽게 스페인에서처럼 끊임없이, 그리고 충분히 목소리를 높여 수다를 떨었다. 그날 우리는 식당에서 쫓겨날 뻔했다.

9. 정말 중요한 매너다. 식사를 하며 그 어떤 대화를 나누어도 좋으나 스페인 내전, 프랑코, 바스크와 까딸루냐의 독립 관련 주제는 피해야 한다. 스페인 가정 대다수에는 스페인 내전과 프랑코 독재 시절로 인한 상처가 있다. 가족을 잃었거나 큰 상처를 받은 경험이 있기 마련이기에 조심해야 한다. 특히 카탈루냐 독립에 대해서는 현재 첨예한 대립점에 있는 주제이니 이야기를 잘못 꺼냈다가 분위기가 이상해질 수 있다.

그런데 내 입이 아무렇게나 열려버렸네? 분명히 이야길 하는데, 그건 챠콜리가 시킨 거다.

"아이토르 아저씨, 얼마 전에 내가 아는 까딸루냐 여자분이 이제 바스크는 독립 포기했다던데요? 이젠 바스크 사람들이 까딸루냐가 독립을 위해 무엇을 하는지 봐야 한다고 그러더라구요."

우리 테이블에 같이 앉아 있던 바스크 친구들의 표정이 달라졌다. 특히 아이토르 아저씨의 표정이 크게 달라졌다. 심각해졌다. 아이토르 아저씨가 머리를 감싸며 스페인어로 "이건 창피한 일이야"라고 말했다. 그리고 네 명의 열혈 바스크 아저씨들은 급기야 바스크 말로 논쟁한다. 머리 위로 손을 휘저으며 크게 논쟁한다. 그 대화의 모습은 마치…… 명절날 집안 어른들이 다 모여 있는데, 눈치 없는 오촌 당숙이 "이번 선거엔 누구 찍으실 거요?"라고 묻고 난 직후의 모습이더라. 이런, 내가 지옥문을 열었구나. 그래도 챠콜리는 좋았고, 산 세바스티안의 밤은 깊어만 갔다. 이런 게 바로 쇼코다.

◊ 2 ◊

깐따브리아

Cantabría

France
Asturias
Cantabría
País
Vasco
Galicia
Navarra
La Rioja
Castilla y Leon
Cataluna
Aragón
Portugal
Castilla La Mancha
Valencia
Extremadura
Murcia
Andalucía
Algeria
Morocco

산토냐 항

바스크주에서 서쪽으로 달려가면 깐따브리아Cantabría주로 진입하게 된다. 깐따브리아주에서는 한 곳을 들러 볼 계획이다. 그리고 서쪽으로 더 달려서 아스투리아스Asturias주로 갈 예정이었다. 모두 대서양을 면하고 있고, 흔히 떠올릴 수 있는 스페인의 이미지와는 다른 곳들이다.

대부분의 스페인 여행기는 수도인 마드리드Madrid나, 세비야Sevilla가 있는 남부 안달루시아Andalucía주, 그리고 바르셀로나Barcelona가 있는 까딸루냐Cataluña주가 대부분이다. 깐따브리아나 아스투리아스 지방을 여행한 내용은 별로 본 적이 없다. 우리는 깐따브리아의 산토냐Santoña를 잠깐 들르기로 했다. 산토냐에 들른 적이 있는 한국인 대다수는 스페인 서쪽 끝의 성지 '산티아고 대성당Catedral Metropolitana de Santiago'을 가다가 산토냐를 지나쳤을 뿐이다. 마치 경복궁으로 가는 길에 교보빌딩 앞의 어떤 비각碑閣을 별 생각 없이 지나치는 것처럼. (참고로 교보빌딩 앞의 그 비각은 고종 황제 즉위 40년 칭경기념비稱慶紀念碑를 보존하고 있는 곳이다.) 그러나 우리는 산토냐에 분명한 목적이 있었다. 멸치가 그 주인공이다.

산토냐는 '마을'이라고 말하기엔 다소 큰 1만 명의 인구를 가진 도시다. 그러나 '도시'라고 하기엔 한적한 항구 마을이다. 우리는 산토냐 항에 잠깐 들러 멸치잡이 배를 보고 본격적으로 멸치를 보러 갈 요량이었

다. 고기잡이 배가 드나드는 항구에선 특유의 비린내가 났다. 정박해 있는 멸치잡이 배 앞에서 거친 손을 가진 어부들이 그물을 손질하고 있었다. 근처엔 생선 공판장이 보였다. 도매상인들은 이미 한바탕 거래를 끝냈을 시간이라, 한가한 분위기의 공판장에선 동네 사람들이 생선을 고르고 있었다. 산토냐 항 한쪽에는 배의 모양을 한 바가 있었다. 바다 관련된 일을 하고 있을 것이 분명히 사람들이 모여 타파스와 맥주, 와인을 마셨다. 아이들은 주스를 마시며 하늘 정중앙에 떠 있는 뜨거운 태양의 무더위를 피했다. 낚시꾼들은 아랑곳하지 않고 부둣가에서 낚시를 하고, 한국인들이 낯설 산토냐의 멸치잡이 어부들은 카메라를 들고 뛰어다니는 장준우 셰프를 향해 천진하게 웃으며 손을 흔들어주었다.

SANTOÑA

산토냐의 안초아

내가 산토냐를 방문한 이유는 앞서 말했듯 멸치 때문이다. 산토냐에는 멸치와 관련이 있는 내 친구가 한 명 살고 있다. 그의 이름은 호세로 현재 가족과 공장을 경영 중이었다. 안초아Anchoa, 흔히 앤쵸비Anchovy라고 불리는 멸치 가공 공장이다. 이 공장에서 만드는 상품의 브랜드명은 '엘 카프리쵸El Capricho', 우리말로 번역하면 '욕망'이다. 그렇다. 호세는 욕망이라는 이름의 멸치 캔을 만들었다.

그런데 스페인에는 너무나 많은 호세가 있고, 또 너무나 많은 엘 카프리쵸가 있으며, 호세가 운영하고 있는 엘 카프리쵸라는 회사나 가게도 많다. 이 책에서도 여러 명의 호세가 등장하고, '엘 카프리쵸'라고 하는 다양한 상호들이 등장한다. 지금 내가 말하는 엘 카프리쵸는 스페인 북부 깐따브리아주 산토냐에 위치한 수산물 가공회사 'Conservas El Capricho'이다. 나중에 나올 호세도 엘 카프리쵸를 운영하고 있는데, 그건 스테이크 하우스인 'Bodega El Capricho'라는 점을 미리 알아두자.

수산물 가공회사 엘 카프리쵸에서는 멸치, 참치, 철갑상어, 앤쵸비 캔을 만들고, 또 멸치 액젓을 생산한다. 뭐? 액젓이라고? 그렇다. 우리가 아는 바로 그 멸치 액젓이다. 호세의 설명에 따르면 스페인에서는 멸치 액젓을 음식에 자주 쓰진 않는다. 그러나 이탈리아 음식에는 멸치 액젓

EL CAPRICHO
SANTOÑA
Patés
Bajo en
Grasa
Caprichos del Mar
Paté de LANGOSTA
SERVIR
FRIO
ELCAPRICHO
DE OLIVA
Paté de CENTOLLO
EL CAPRICHO
Filetes de Anchoa
en Aceite de Girasol
Alto Oleico y Vitamina E
Producto hecho a mano

을 꽤 많이 사용하기에 6년 전부터 이탈리아 수출용으로 생산을 시작했다고 한다. 무슨 말이냐면, 스페인 사람들이 사랑하는 안초아 캔을 만들면 폐기물로 냄새가 심한 액젓이 나오는데, 예전에는 이를 그대로 다 버렸다고 한다. 그러나 이탈리아 수요를 읽은 호세는 액젓을 가공하여 상품화에 성공했다. 이탈리아 시장 개척의 선봉에 선 산토냐의 빛나는 샛별 호세!

나와 호세는 2018년 파리에서 세계적으로 유명한 식품 전시회 SIAL Paris에서 만났다. 당시 그가 전시회에 출품한 철갑상어 캔이 수산물 부문 '올해의 혁신 식품상'을 받았다. 보통 철갑상어는 알만 채취한 뒤 버림받는 존재였는데, 호세가 맛있게 가공하여 캔으로 만들어냈다. 이 친구에겐 버려지는 폐기물을 활용하여 뛰어난 상품을 만드는, 그것도 아주 고급 상품으로 재탄생시키는 재능이 있다. 2018년 당시 나는 SIAL Paris '올해의 혁신 식품상'의 심사위원 중 한 명이었고, 호세와 나는 친구가 되었다. 파리에서의 인연이 이어져 호세가 자신의 공장으로 초청까지 해준 것이다.

우리 일행들은 위생복을 입고 공장으로 들어갔다. 공장 내부는 어둡고 서늘했다. 스페인 북부 산토냐에서 한국의 향기를 느낄 수 있었다. 초등학교 3학년 때 엄마와 나눴던 대화가 떠올랐다.

"엄마, 옆집에서 이상한 냄새가 나요."

"응, 저거 젓국 달이는 거다."

멸치 숙성고에서는 강렬한 멸치 액젓향이 느껴졌다. 어릴 땐 증오했지만 나이가 들면서 사랑하게 되는 냄새. 한국의 냄새를 산토냐에서 느끼다니! 호세는 우리가 이 냄새를 못 견딜까 봐 살짝 걱정했던 모양인데, 다들 액젓을 숙성하는 통까지 지나친 관심을 보이니 오히려 호세가 당황해하는 눈치다. 우리를 통해 호세는 한국 시장 진출 기회를 엿보았을지도 모른다.

아래는 호세가 상세히 설명해준 제조 과정이다.

1. 매년 1~2월에 대서양에서 잡은 멸치를 구입한다.
2. 대가리와 내장을 깨끗하게 제거한다.
3. 몸통만 남은 멸치를 잘 씻은 후 굵은 소금을 뿌리고, 그 위에 멸치를 깔고 또 소금을 뿌리고, 또 멸치를 까는 과정을 반복한다.
4. 상온에서 6개월간 숙성한다.
5. 7, 8월에 0도까지 낮춘 냉장고에서 대략 1년을 숙성한다. 참고로 소금이 충분히 들어간 탓에 0도에서도 얼지 않는다.
6. 최소 1년 6개월, 크기가 큰 멸치의 경우엔 2~3년까지도 숙성한다. 장기간 숙성을 통해 맛과 향이 풍부해지며 안정화가 된다.

이 과정에서 멸치 몸통에서 액젓이 빠져나온다. 한국에서는 이 액젓을 끓이는데(흔히 '달이다'라고 표현한다), 이곳에서는 액젓을 끓이지 않고 마이크로필터로 걸러낸다. 우리와 다른 방식에 호기심이 생겨 왜 끓이지 않냐고 물었더니, 호세는 너무나 당연하게 "끓이면 멸치 액젓의 좋은 향미가 다 날아가잖아?"라고 되물었다. 아까도 잠깐 언급했지만, 원래 스페인에선 이렇게 숙성된 멸치의 몸통만 건져내 통조림으로 쓰고 액젓은 그냥 버렸다. 그런데 이제는 이를 상품화하여 이탈리아로 수출하고, 이 멸치 액젓 비즈니스가 엘 카프리쵸의 주요 수입원이 되었다.

호세는 서늘한 멸치 숙성고를 나와서 공장 2층으로 올라가자고 했다. 2층은 본격적으로 가공이 이루어지는 곳이었다. 2층에 올라와 문을 열

고 작업실에 들어갔더니 다양한 기계들이 보였다. 제일 먼저 보여준 건 세척기와 탈수기였다. 아래층에서 멸치 숙성이 완료되면 액젓은 따로 뽑아내서 가공하고 가장 중요한 멸치의 몸통, 즉 필레fillet를 건져내 상온의 물로 세척한다. 세척 후에 멸치 필레를 하나씩 정돈해 타월로 감싸 탈수기에 넣으면, 물과 염분이 빠지면서 먹기 좋은 상태가 된다. 탈수기를 오래 돌리면 염도가 낮아지고, 탈수기를 덜 돌리면 염도가 올라간다.

"다음 방은 멸치 캔 제품을 완성하는 데 가장 핵심적인 공정입니다. 마무리 작업하는 곳이죠."

다음 방에 갔더니 단정하고 깨끗한 작업복을 입은 직원들이 줄을 맞춰 앉아 있었다. 작디작은 멸치 필레를 하나씩 핀셋과 작은 면도날, 가위로 다듬고 있었다. 곰곰이 봤더니 멸치 필레를 정교하게 포를 떴다. 비늘, 지느러미, 뼈를 제거하고 다듬는 과정을 수작업으로 하는 게 아닌가. 기계 작업이 아니라 전부 수작업이었다고? 게다가 캔 안에 줄을 맞춰서 넣는 것도 전부 수작업이었다. 호세는 제품 원가의 80%가 인건비라고 했다. 숙련된 직원은 1시간당 캔 8개 분량의 멸치를 작업할 수 있다는 말도 덧붙였다. 하루에 8시간을 일한다면 1인이 생산할 수 있는 양은 최대 64캔에 불과했다. 이러니 비쌀 수밖에 없다.

옆방에는 캔에 기름을 충전하는 장비가 있었다. 아주 투명한 올리브유나 해바라기유를 충전하여 짭조름한 멸치의 맛이 잘 보존될 수 있도록 하는 것이다. 그 작업이 완료된 후에 캔을 밀봉하고 멸균한다. 그런데 충전할 때 살펴보니 숫자가 적힌 작은 종잇조각을 함께 넣은 후 밀봉하는 게 아닌가.

"호세, 이 숫자는 뭐예요?"

"캔을 작업한 여사님들의 고유번호예요. 혹시 판매된 캔에서 문제가 발생할 경우, 어디에서 문제가 발생했는지 파악을 해야 하니까. 이렇게 자신의 고유번호가 들어간다는 것을 인식하고 있기에 더 책임감 있는 제품을 만들 수 있는 거예요. 그게 우리 방식이구요."

예전에 즐겨 봤던 미국 드라마 <몽크Monk>는 강박증이 있는 사설탐정에 대한 시리즈물이다. 탐정 몽크는 강박이 심해서 평생 똑같은 셔츠만 구입해서 입는다. 같은 브랜드에 같은 색과 같은 패턴, 정확히 동일한 사이즈, 그리고 8번 작업자가 최종 마무리 작업했다는 태그가 붙어 있는 셔츠만 사서 입는다. 그는 여느 날처럼 백화점에서 8번 작업자의 태그가 붙어 있는 셔츠를 고른다. 그런데 셔츠의 마무리가 평상시와 다른 것을 알아차리고 8번 작업자에게 어떤 위기가 발생한 것을 직감한다.

와인과 함께 멸치 캔을 딴다. 역시 내가 언제나 선호하던 33번 작업자의 캔이다. 그런데 뭔가 마무리가 다르다. 멸치 지느러미 절단면이 0.1mm 비켜나 있다. 33번에게 문제가 발생했음을 직감하고 33번을 구하러 산토냐 항으로 차를 몰고 달려간다. 급히 좌회전을 하는데 타이어에서 연기가 올라온다. 엘 카프리쵸 공장에 도착해 평형 주차를 깔끔하게 하고, 공장의 2층 작업실에 숨을 헐떡이며 뛰어 올라간다. 그리고 나서 33번 작업자를 찾았더니, 아름다운 여성이 눈물을 흘리며 멸치의 비늘을 면도날로 날리고 있는데……. 이런 망상과 함께 나는 다음 목적지인 아스투리아스 주를 향해 서쪽으로 달렸다.

◊ 3 ◊

아스투리아스

Asturias

France
Asturias
Cantabría
País Vasco
Galicia
Navarra
La Rioja
Castilla y Leon
Cataluna
Aragón
Portugal
Castilla La Mancha
Valencia
Extremadura
Murcia
Andalucía
Algeria
Morocco

뽀오 마을

야네스 지역은 대서양을 면하고 있는 스페인 북쪽의 정중앙에 위치하고 있다. 우리나라로 치면 행정구역상 '군'이나 '면'으로 보면 된다. 야네스는 면적이 꽤나 넓다. 참고로 앞서 방문했던 깐따브리아 산토냐의 면적은 11.53㎢이다. 서울의 가장 작은 구 중 하나인 중구 크기다. 그러나 야네스는 무려 263.59㎢의 면적을 가지고 있다. 이와 유사한 면적을 가지고 있는 한국의 지자체는 고양시다. 고양시의 인구는 무려 110만 명에 육박하고 인구밀도는 대략 4,000명/㎢을 거뜬히 넘어서고 있는데, 야네스의 인구는 약 13,000명으로 인구밀도는 겨우 50명/㎢ 정도이다. 면적만 넓을 뿐 완전 깡시골이다.

깐따브리아주에서 서쪽으로 이동해 아스투리아스주로 넘어올 때쯤이면 바다와 해변의 모습이 변한다. 바다와 맞닿은 땅의 모양이 다이내믹해진다. 절벽, 바윗덩어리, 중간중간에 나타나는 모래톱, 갈대밭, 다시 절벽. 아스투리아스주 경계로 넘어와서 10분만 달리면 곧 야네스다. 고개를 돌려 왼쪽을 바라보니 매우 험준한 산맥이 보인다.

깐따브리카[Cantábrica] 산맥이다. 8세기, 이베리아반도 대부분을 점령한 무어인들도 이 산맥만큼은 못 넘어왔다고 한다. 그래서 깐따브리카 산맥의 북쪽 아스투리아스는 이슬람 문화가 아닌 가톨릭 문화만 지속

될 수 있었다.

차로 달리면서 좌우를 살펴보니 산맥 바로 아래와 대서양 바다 사이의 거리가 매우 가까웠다. 몇 킬로미터가 되지 않았다. 시각적으로는 드라마틱하게 아름답지만 농사지을 공간이 매우 협소하다는 의미다. 참 배고프게 살았겠다. 지금은 거의 사라진 석탄 광업이 주요 산업이었다. 전통적인 의미의 농업은 다른 지방보다 발전이 더뎠다. 콩, 옥수수, 감자, 메밀 등의 대체 작물들을 주로 재배했으며, 산에서의 목축 낙농, 어업을 통한 해산물이 주된 식량원이었다고 한다. 낙농업도 19세기 말에나 발전을 했다고 하니 뭔가 마음이 짠했다. 국토의 70% 이상이 산악지대라 20세기 중반까지 배고팠던 우리나라와 유사했다.

아스투리아스 사람들은 부족한 식량자원을 어떻게 하면 배부르고 맛있게 먹을 수 있는지를 고민했다. 그래서 스페인의 다른 지역과는 상반된 식문화를 갖고 있다. 스페인 남쪽 사람들은 아스투리아스 음식이라고 하면, "거기 숟가락Cuchara으로 음식 먹는 동네 아니야?" 하는 반응을 보인다. 원재료 특성의 변형을 최소화하는 스페인 중남부와는 달리, 아스투리아스에서는 뭉근하게 끓이거나 지지는 조리법을 많이 쓰기 때문에 식탁에서 숟가락을 많이 쓸 수밖에 없다. 스페인 내에서도 아스투리아스의 음식은 이국적으로 인식되며, 바스크와 더불어 뛰어난 미식의 지역으로 알려져 있다. 국물 요리가 많은 한국 음식과의 유사점도 많다. 아스투리아스의 식문화에 대한 상세한 이야기는 차차 풀어볼 생각이다.

야네스에 들어선 차는 골목길을 돌아 곧 뽀오Póo 마을에 도착했다. 이 마을 이름을 영어식으로 뿌우, 푸우로 읽으면 안 된다. 뽀오 마을은 넓이가 고작 4.25㎢밖에 안 되는 작은 마을이고, 인구는 400명이 안 된다. 그리고 그 400명 안에는 호텔을 운영 중인 내 친구 막시가 있다. 막시는 부

인인 산드라와 어린 딸, 아들과 함께 자신이 운영하는 작은 호텔 겸 식당 '라 파로라 델 마르La Farola del Mar'에서 우리를 기다리고 있었다. 라 파로라 델 마르. 번역하자면 바다의 등대 호텔이다. 내가 명예를 걸고 이야기하는데, 바다를 좋아하고 음식을 좋아하는 사람이라면 '바다의 등대' 호텔에 죽기 전에 꼭 한번 가봐야 한다. 호텔은 바다 바로 앞에 있고, 매일 매일 스펙터클하고 놀라운 광경에 쓰러질 것을 각오해야 한다.

바다의 등대: 막시네 호텔과 식당

이 책을 쓰면서 막시네 호텔 '바다의 등대'에 대해서 어떻게 설명할 것인가에 대해 오랫동안 고민을 했다. 어떻게 설명해야 내 느낌을 제대로 전달할 수 있을까? 자, 거의 불가능하긴 하겠지만 한번 시도해보자. 상상해보자. 당신은 이 뽀오 마을을 사랑하고, 이 마을을 수호하는 여신이다. 오랫동안 뽀오 마을을 지켜오다가, 뽀오 마을 앞의 바다의 아름다움에 푹 빠져버렸다. 바다와 사랑에 빠진 여신. 이 바다를 품에 꼭 껴안으려고 팔을 크게 벌린다. 그리고 이 바다를 크게 품은 채 눈을 감고 파도와 바람을 느낀다. 그 느낌이 너무 좋아서 그냥 그대로 백 년이고 천 년이고 있다 보니, 뽀오 앞 바다를 품은 언덕과 해변이 되어버린 것. 그 여신의 입술의 자리에 있는 것이 바로 '라 파로라 델 마르' 호텔이다. 아! 이 느낌 제대로 전달되었을까?

호텔에서는 그림처럼 비현실적으로 펼쳐진 바다와 바다를 품고 있는 나지막한 언덕이 보인다. 190cm의 터프하게 생긴 남편은 멋진 셰프이고 아름다운 부인은 호텔을 관리한다. 이 부부의 어린 딸과 아들은 손님들 사이를 뛰어다니며 귀여움을 받는다. 그들은 자신의 호텔에 머무는 손님들이 누구인지 알고 있으며, 손님들은 손님들끼리 금방 친해진다. 체크인하는 손님 대부분은 호텔 재방문객들이다. '바다의 등대'가 그리워서 다시 찾아온 사람들.

저녁이 되면 호텔로 돌아온 손님들이 삼삼오오 식당으로 모인다. 함께 음식을 먹고 오랜 친구마냥 술잔을 기울인다. 멋진 바다가 내려다보이는 정원에서 이 지역 생산품인 사과주 시드라Sidra와 화이트 와인, 맥주를 마신다. 붉게 물드는 하늘을 여유롭게 바라보며 하루를 마무리한다.

아침에는 아무도 일찍 일어나지 않는다. 호텔 주인 부부를 포함해 다들 늦잠을 잔다. 아침에 눈이 떠진 이들은 바닷가 옆 언덕을 천천히 산책하고 그들이 호텔로 돌아올 때쯤이면 커피와 함께 간단한 아침이 준비되어 있다. 다들 부시시 일어나서 서로 인사하고 식당에서 편하게 식사를 한다. 그리고 다시 방으로 가 쉬거나 바다로 나가거나 정원에서 책을 읽는다. 바다의 등대 호텔은 그런 곳이다.

이 호텔의 주인이자 셰프인 막시는 영화 〈레옹〉에 나오는 킬러 '레옹'을 닮았다. 건장한 체격에 적은 말수와 어색한 미소. 문신이 박힌 손으로 주방에서 도끼처럼 생긴 칼을 잡고 닭을 퍽퍽 쳐서 두 동강 내는 모습에 살짝 쫄기도 했다. 그리고 그의 곁에는 '마틸다'를 닮은 언제나 아름다운 아내 산드라가 있다.

막시를 처음 만난 건 몇 해 전이었다. 나는 토종닭에 대한 연구를 수행 중이었고, 전 세계에서 토종닭을 잘 보존 중인 곳을 찾고 있었다. 나는 그 특성에 맞는 레시피를 개발하고 상품화하는 곳들의 경쟁력을 조사하고 있었다. 우리나라만 봐도 토종닭 개체 수가 전체 닭의 3% 정도밖에 안 된다. 그래서 토종닭과 토종닭 요리로 잘 알려진 프랑스의 브레스Bresse 지역과 스페인의 아스투리아스에 방문하게 되었다.

아스투리아스엔 상당히 유명한 토종닭 '삐뚜 데 깔레야Pitu de Caleya'가 있다. 아스투리아스 방언으로 '길거리 닭'이라는 뜻이다. 막시는 셰프로

서 아스투리아스의 토종닭과 토종돼지를 보존하고 알리겠다는 의지가 강했고, 친구와 함께 토종닭과 토종돼지를 기르는 농장도 운영하고 있었다. 우연히 이를 알게 되어 장준우 셰프와 막시를 만나러 뽀오 마을에 왔었는데, 그날로 이곳의 매력에 빠졌다. 다시 한번 강조하고 싶다. 특정 품종을 보존하고 개체 수를 늘리는 가장 좋은 방법은 천연기념물로 지정하고 연구소에서 보존하는 것이 아니다. 좋은 상품과 맛있는 메뉴로 개발하여 수요를 만드는 것이다. 생태계 피라미드의 정점에 서 있는 인류는 '신적인 존재'에 가깝기에, 우리가 관심을 가져야 수요가 늘어난다.

아스투리아스 지역에서는 삐뚜 데 깔레야를 오랫동안 천천히 길러 먹는 문화를 가지고 있다. 동네 정육점에서 1년 이상 길러 무게가 5.26kg나 나가는 삐뚜 데 깔레야 닭을 본 적도 있다. 깃털에 내장까지 모두 제거하고 5.26kg이니, 살아 있을 때는 적어도 8kg은 넘었을 것이다. 크기가 감이 안 온다고? 후라이드 치킨으로 흔히 먹는 코니시Cornish 교배종은 한 달 정도 길러 도축하면 900g에서 1.1kg 정도 나가고, 우리나라 토종닭은 74일 정도를 길러 도축하는데 1.5~1.6kg 정도가 된다. 그러니까 아스투라아스에서는 정말 오랫동안 천천히 크게 길러 먹는 것이다.

막시는 이 동네에서 뻬뚜 데 깔레야를 맛있게 요리하는 셰프로 유명하다. 그를 처음 만났을 때 3.5kg이 넘는 닭을 칼로 '꽝!'하고 내리쳐서 두 동강 내는 모습에 자연스럽게 "와!"하는 탄성이 나왔다.

"막시, 한국에선 보통 1kg짜리 닭을 써요. 그런 닭을 쓰기도 하나요?"

'꽝!'

막시는 나를 쳐다보지도 않은 채, 무서운 도끼 칼을 휘둘러 닭을 조각내면서 답했다.

"1kg짜리가 먹을 게 있나요? 안 씁니다."

"우와, 닭이 엄청 크네요!" (좀 쫄았다.)

"이거요? 별로 큰 거 아닌데? 살아 있을 때 5kg이 조금 넘고, 도축 후 중량은 3.5kg이에요. 큰 거 쓸 때는 도축 후 중량 5kg짜리도 씁니다."

'꽝!'

다시 닭이 두 동강이 났다. 도마 쪼개지는 거 아니야? 자꾸 말 시키면 안 될 것 같았다.

말수가 적은 막시는 칼로 도끼질을 하듯 닭을 쪼갰는데, 닭이 워낙 크니 그렇게 쪼개도 충분히 컸다. 막시는 이 지역 특유의 조리법인 기사도Guisado 방식으로 뻬뚜 데 깔레야를 요리했다. 닭을 사서 조리하기 전에 보통 이틀간 숙성시킨다. 워낙 오래 키운 닭이라 근육이 단단해서 이를 푸

는 과정이 필요하다. 단단한 닭을 맛있게 조리하는 방법이 바로 기사도다. 양파를 비롯한 야채를 주걱으로 으깨면서 약한 불에 볶는데, 천천히 볶아내면 채소들의 색이 짙어지며 캐러멜라이즈된다. 그때 손질한 닭을 넣고 뭉근하게 졸인 후 바닥에 감자 퓨레를 깔면 '삐뚜 데 깔레야 기사도 Pitu de Caleya Guisado' 완성. 간장으로 졸인 것과 비슷한 감칠맛이 돈다. 물론 간장 맛이 나진 않지만, 그에 준하는 감칠맛 폭탄이다. 간장을 쓰지 않았지만 간장을 쓴 것만 같은 묘한 감칠맛!

가슴과 날개는 따로 기사도를 한 다음 쌀과 함께 다시 한번 더 천천히 끓여 '아로스 꼰 삐뚜 데 깔레야Arroz con Pitu de Caleya'를 만든다. 쌀이 들어갔다는 점에서 빠에야와 비슷해 보여도 다른 음식이다. 바닥에 쌀을 깔고, 그 위에 기사도한 양념이 잘 배어 들어간 닭을 위에 올린다. 쌀과 한 번 더 조리할 때도 얇은 빠에야 팬이 아닌 두꺼운 팬 위에서 물을 더 많이 잡고 조리한다. 죽과 볶음밥 사이쯤? 막시의 토종닭 요리는 너무나 훌륭해서 나와 장준우 셰프는 연신 찬사를 보낼 수밖에 없었다. 그래서 우리는 그 다음 해에도 또 그다음 해에도 막시를 찾았다. 3년 연속 뽀오 마을에 그를 만나러 온 것이다. 그리고 막시는 이번에도 역시 우리를 위해 토종닭 기사도 요리와 토종돼지 기사도 요리를 준비했고 우리는 호텔에 도착하자마자 그의 요리로 굶주린 배를 채웠다.

다음 날 아침에 눈을 떴을 때 호텔 앞 리아스식 해변 'Playa de Poo'는 썰물로 물이 빠져나가 있었다. 해안을 감싸고 있는 언덕으로 올라가서 해안 아래를 내려다봤더니 바닷물이 차 있었을 때 보이지 않았던 해안 동굴 입구가 드러났다. 경치를 감상하며 천천히 내려오니 산드라가 콧노래를 부르며 아침을 준비하고 있었다.

FUENSANTA
Mahou

비디아고 마을

막시는 우리에게 시간이 나면 인근 비디아고 마을로 가 보라고 권했다. 그 마을에 가면 산등성이에 친구가 운영하는 목장이 있다고 했다. 자신도 관여하고 있고, 경제성의 이유로 사라지고 있는 아스투리아스 토종 가축들을 거기서 기르는 중이라는 말도 덧붙였다. 우리는 운동 삼아 걸을 겸 비디아고 마을로 향했다. 마을 어귀에 차를 대고 천천히 마을 안으로 걸어갔다. 조금만 들어가니 마을은 사라지고 목축 공간들이 군데군데 나타났다. 그리고 그곳에는 막시가 이야기한 대로 아스투리아스의 다양한 토종 가축들이 뛰어놀고 있었다.

기록을 보면 스위스에서 생산성이 좋은 소를 들여오기 전인 1800년대 후반, 아스투리아스의 가축 산업은 양과 염소 등의 산에 사는 작은 축종이 주를 이루었다고 한다. 물론 소도 있긴 했지만 유제품을 산업적으로 생산하기엔 생산성이 떨어졌다. 생산성 좋은 스위스 소가 들어오자 아스투리아스의 작은 축종들도 사라지기 시작했고, 토종소들도 마찬가지로 사라져갔다. 그러다 최근 들어 토종 염소와 양, 소들을 보존하기 위한 노력을 다시 하고 있다.

현재 남아 있는 아스투리아스 토종소는 계곡 같은 저지대에 주로 살던 Asturiana de los valles와 고지대에 주로 살던, 엉덩이가 작은

Asturiana de la montaña 이 두 종만 남아 있다고 한다.

효율성만 추구하던 시절에서 벗어나 다양성을 지키고자 하는 인류의 노력이 너무 늦지 않았길 바란다. 그렇게 나는 비디아고 마을의 돌담길을 걸어 내려왔다.

시드라

각 지역의 술 문화는 기후와 밀접한 관련이 있다. 일반적으로 프랑스, 스페인, 이탈리아 세 나라의 술 문화로는 흔히 와인을 떠올린다. 뜨거운 태양 아래에서 영글어가는 포도가 떠오른다면, 실은 그건 주로 지중해에 면하고 있는 지역 한정이라고 할 수 있다. 지중해에 가까워질수록 적포도로 양조하는 레드 와인의 문화가 발달해 있고, 서늘한 북쪽으로 올라가면서는 대체로 청포도로 양조하는 화이트 와인이 많이 생산된다. 그리고 그 서늘한 기후에서 대서양을 접하는 지역으로 가면 포도보다 사과가 잘 재배되는 기후가 되는데, 흔히 말하는 서안해양성 기후대라고 불리는 지역이다. 앞서 지나온 바스크와 아스투리아스 지역이 이 서안해양성 기후대에 들어가 있다. 이 지역의 공통적인 기후 특징이 비가 잦고 습하다는 점이다.

아스투리아스 지역은 기후뿐만 아니라 건축 양식, 의복, 식문화에서 북아프리카의 영향을 강하게 받은 여타 스페인 지역과는 확연히 다르다. 전통악기도 놀랍게도 스코틀랜드의 백파이프와 거의 유사한 것을 쓰고 있다. 이 지역 사람들이 자신의 문화 등을 지칭할 때 '아스투르셀타 Asturcelta'라는 표현을 쓰는데, 이는 '켈트-아스투리아스'의 의미이다. 켈트족은 바다를 한참 건너 있는 섬, 영국에서 기원한 민족이다. 그런 이유

때문인지 켈트족의 상징인 빨간 머리를 가진 사람의 비중이 스페인 내에서 가장 높다.

아스투리아스에선 사과농사가 잘된다. 북쪽 대서양의 습한 바닷바람이 불고, 남쪽은 높은 산맥이 막고 있어 산 위에서 차가운 바람이 내려온다. 한국처럼 아스투리아스도 습한 여름을 자랑한다. 이런 기후에서는 양조용 포도농사보다 사과농사가 잘된다. 기후적 요인으로 인해 아스투리아스에서는 예로부터 사과를 많이 길렀고, 사과를 발효시켜 술을 만들어 마시는 문화가 발달했다. 스페인에서는 이 술을 시드라라고 한다. 프랑스 서북부 노르망디 지역에서도 비슷한 기후적 특성을 가지고 있어 역시 사과주를 많이 생산하는데, 프랑스어로는 시드르Cidre라고 부른다. 영국에서는 이를 또 사이더Cider라고 부른다. 응? 사이더? 우리가 먹는 사이다랑 어떤 관련이라도 있는 것일까?

맞다. 그 사이다가 이 사이더고, 그게 또 시드르고 시드라다. 우리가 탄산음료로 마시는 사이다의 기원이다. 물론 우리가 마시는 사이다는 사과로 만들지도 않고, 알코올도 없다. 오래전에 유럽의 사과주 맛에 흥미를 느낀 일본 친구들이 설탕물에 약간의 향료와 탄산을 주입해 일본식 사이다를 만들었는데, 이것이 한국으로 넘어온 것이다. 실제 영국식 사이더와 프랑스식 시드르는 강한 탄산감을 자랑한다는 점에서 사이다와 유사점이 있다. 게다가 당도를 높여 달콤한 맛으로 즐기는 시드르도 많다. 그러나 아스투리아스의 시드라는 다르다. 특히 이 동네 사람들이 즐기는 '아스투리아스식 천연 시드라Sidra Natural Asturiana'는 시큼털털하고 단맛이 거의 없으며 탄산도 별로 없다. 이 맛을 굳이 우리나라의 술과 비유하자면 김빠진 막걸리로 들 수 있으려나? 이상하게 들리겠지만, 충분히 매력적이다.

아스투리아스식 천연 시드라는 영국, 프랑스와는 제조 방식에서부터 차이가 난다. 발효 숙성 기간을 훨씬 길게 잡고 산화 발효를 한다. 프랑스의 시드르가 잘 만든 맥주와 비슷하다면, 스페인의 시드라는 와인과 비슷하다. 혹은 요즘 유행하는 시큼한 사우어 맥주, 또는 내추럴 와인의 느낌도 있다. 맛도, 입 안에서의 식감도 다르다. 아스투리아스에서는 발효 숙성 과정에서 발효 숙성조의 윗부분을 뻥 뚫어 대기와 접하게 한다. 탄산은 대부분 날아가고 필터링도 하지 않아 색이 뿌옇다. 이 독특한 술을 더 맛있게 먹기 위한 아스투리아스만의 시드라 음용 문화가 있다.

아스투리아스를 돌아다니다 보면 시드레리아Sidrería라는 간판을 쉽게 볼 수 있다. 우리말로 바꾸자면, '사이다집' 정도가 되겠다. 간단한 음식과 시드라를 판다. 그런데 시드레리아에 들어가면 독특한 광경을 만날 수 있다. 직원이 시드라 병을 머리 위까지 올려 기울이고 유리잔은 허리

아래에 놓은 채로 머리 위에서 가늘게 떨어지는 시드라를 받아낸다. 병 속의 시드라가 아래로 떨어지며 공기와 더 많이 접하고 유리잔의 벽과 부딪히면서 잘게 깨지며 기포감을 살려주는데, 그때 발생한 기포감은 오래 가지 않는다. 그래서 절대 손가락 한 마디 이상의 양은 따르지 않으며 즉시 손님에게 건넨다. 가장 맛있을 때 가장 맛있는 만큼을 가장 맛있게 느끼면서 마신다. 원샷은 기본이다. 직원은 손님이 눈짓을 보내면 부어주고 또 부어준다. 도수는 6도 내외로 낮지만 술은 술이다. 급하게 마시면 결국엔 취한다.

아스투리아에서는 시드라를 따라주는 직업을 'Escanciador de Sidra'라고 부르는데, 바텐더와 홀 서비스 직원의 중간쯤 되는 직업이라고 할 수 있겠다. 손님의 시드라 잔이 비면 손가락 한 마디만큼의 양을 최적의 상태로 건네는, 행복을 전달하는 일이다. 시드라와 함께 아스투리아스의 독특한 음식들을 즐기면 금방 행복해진다. 참고로 시드라를 따를 때 머리 위의 병이나 허리 아래의 컵을 쳐다보지 않고 따르는 사람이 실력자다.

시드라 양조장을 가다

이 동네의 어느 식당에서든 시드라를 볼 수 있다. 서울의 와이파이처럼 시드라가 넘쳐난다. 소매 가격으로 치자면 한 병에 1유로 정도로 저렴하다. 매력적인 시드라가 궁금해진 나는 막시에게 이 동네에 시드라 양조장이 있는지 물었다. 막시는 긴 팔을 휘휘 저어가며 설명했다.

고속화 도로를 타고 서쪽으로 향했다. 오른쪽엔 북대서양의 파도가 아스투리아스의 멋들어진 해변을 강타했고(유리잔 안쪽에 부딪혀 깨지는 시드라가 연상되었다), 왼쪽엔 높디높은 산맥이 도로를 따라 우뚝 서서 나를 내려다보았다. 아스투리아스의 해변은 수만 년간의 파도로 여기저기 부서져 해변의 굴곡이 심한데 아름다움이 기가 막힌다. 자연에는 직선이 존재하지 않는다는 말처럼, 아스투리아스의 해변 어디에도 직선은 없었다. 파도가 가진 파괴력은 가장 자연스러운 자연, 즉 장관을 창조했다.

마을로 들어섰을 땐 이미 주위가 어둑했다. 밭들 사이로 차를 몰다가 결국엔 길을 잃었다. 밭에선 방향 감각을 잃기 쉽다. 스마트폰도 나와 그리 다르진 않았다. 구글맵이 가르쳐준 곳으로 가봐도 다른 장소가 나왔다. 뻬드로 아저씨가 양조장으로 전화해서 한참을 통화한 후에야 간신히 목적지를 찾아갈 수 있었다. 양조장은 한적한 곳에 있었다.

페인트로 '시드레리아 야가르 까바뇬Sidreria Llagar Cabañón'이라고 그린 간판이 보인다. 그 간판 바로 아래에 아치 모양의 꽤나 높은 입구가 있다. 그 문을 지나 들어가면서, 이곳이 대저택의 중정中庭이 분명하다는 사실을 깨달았다. 천장으로 뚜껑을 덮어 놓긴 했지만, 위에서 내려다보면 정사각형의 건물에 중앙이 뚫려 있는 구조다. 아까 지나온 높은 아치 모양의 문은 분명히 마차가 중정까지 들어오도록 설계한 것일 터이다.

중정에 식사용 테이블이 쫙 깔려 있었다. 건물 안으로 들어가니 홀도 나왔다. 역시 홀 안에도 테이블이 있었다. 어렵지 않게 이 양조장이 식당도 함께 운영하고 있다는 사실을 깨달으며 내부를 둘러보았다. 그런데 한쪽 벽면에 어마어마하게 큰 오크통들이 줄지어 서 있는 게 아닌가. 와이너리에서 보던 오크통과는 달랐다. 크기도 훨씬 컸지만 위쪽에 숨구멍이 달려서 마치 오크 갑옷을 입은 고래처럼 보였다. 반대편 벽에는 멋진 그림과 빨갛게 타오르고 있는 숯이 보였다. 시드라와 스테이크의 조합을 상상하고 있을 때 셰프의 옷을 입은, 배가 나온 중년의 남자가 다가왔다.

"올라(Hola)! 좋은 저녁이에요. 당신이 문 교수죠? 온다는 이야길 들었어요."

사람 좋아 보이는 그 남자가 양조장의 사장 하신또였다.

"반가워요. 우리는 한국에서 왔습니다. 아스투리아스의 시드라에 대해서 공부하고 싶어요. 어떻게 만드는지 볼 수 있을까요?"

"물론이죠. 그런데 오늘은 좀 늦었고, 내일 오전에 올래요? 양조 시설은 이 건물이 아니라 바로 맞은편 건물에 있어요."

"아, 좋습니다. 그럼 양조 시설은 내일 보고, 오늘은 여기서 당신네 시드라와 스테이크를 먹을게요. 그런데 이 오크통은 지금도 쓰는 건가요?"

"하하. 아뇨 이건 일종의 골동품 같은 거예요. 지금은 쓰지 않습니다. 이곳은 양조장이자 식당이며 박물관 같은 곳이죠. 내일 진짜 양조하는 시설을 보여줄게요."

이날 저녁 식사 자리에서는 스페인식 고추튀김, 소고기를 염장 건조 숙성한 쎄씨나Cecina, 그리고 스테이크와 시드라를 즐겼다. 시드라 청년들이 끊임없이 시드라를 손가락 한 마디 높이만큼 따라서 테이블로 가져다줬고, 한국에서 온 친구들은 시드라는 사이다라며 사이다 마시듯 시드라를 마셨다. 이글거리는 그릴은 맛있는 스테이크를 뱉어내며 욕망하는 우리의 배를 채웠고, 우리는 시드라와 고추튀김의 조합이 특히 좋다는 결론에 이르렀다. 고추의 나라 한국으로 들어오라, 시드라여!

다음날에는 다음날의 해가 떠오른다. 우리는 아침 일찍 시드라 양조장으로 향했다. 하신또 사장님이 우리를 기다리고 있었다. 허름한 작업복에 멜빵을 메고 유쾌한 웃음으로 우리를 맞아 주었다. 주먹보다 큰 열쇠 꾸러미로 식당 맞은편 건물의 허름한 문을 열었다. 문이 열리자마자 사과가 분출하는 강한 에스테르향과 특유의 발효향(흔히 술 냄새라고 부르는)이 코를 찔렀다.

양조장 안엔 커다란 숙성 탱크가 몇 개 있었다. 주황색 타일로 덮인 양조장 바닥은 잘 청소되어 있었다. 갑자기 하신또 아저씨에게서 에너지가 분출되어 나오는 것이 느껴졌다. 큰 허리에 양팔을 딱 올리더니 쩌렁쩌렁 자신감 넘치는 목소리로 말한다.

"사과는 가을에 수확합니다. 양조도 가을에 합니다. 우리는 그 사과를 사 와서 세척하고 어마어마하게 큰 프레스기로 눌러 즙을 짜내요. 그

즙을 산화시키고 발효를 하죠. 90일간 발효하고 최대 4개월간 숙성합니다. 그러면 향이 올라와요. 꽃향기가요!"

하신또 아저씨가 숙성 탱크 밸브를 열었다. 그 안에는 수백 리터가 넘는 시드라가 들어 있었다. 그러니 당연히 그 무게가 누르는 압력으로 밸브에선 시드라 원액이 총알처럼 빠르게 발사되었다. 하신또 아저씨는 왼손으론 밸브를 잡은 채 양팔을 쫙 벌렸다. 오른손에 들고 있던 시드라 컵을 발사된 시드라의 궤적 반대편 끝에 갖다 대었다. 하나의 퍼포먼스와 같다. 능숙한 손놀림. 몸의 각도, 아치 모양을 그리며 떨어지는 시드라 원액. 삼박자가 완벽했다. 한두 번 해본 솜씨가 아니었다. 시드라는 컵을 정확히 타격했고, 강하게 튀어 반은 컵 안으로, 나머지 반은 양조장 바닥으로 쏟아졌다. 하신또 아저씨는 별로 신경 쓰지 않으며 "꽃향기!"라고 외쳤다.

이 루틴을 반복했다. 그리고 나에게도, 뻬드로 아저씨에게도, 이 일정에 동행한 까를로스와 한국의 친구들 모두에게 탱크에서 갓 나온 시드라를 권했다. 하신또 아저씨 본인도 중간중간 꾸준히, 열심히 열정을 다해 마셨다. 컵 하나로 10명 정도가 나눠 마셨는데, 컵 세척은 '발사된 시드라'로 했다. 양조장 바닥이 시드라로 흥건했다. 하지만 역시 하신또 아저씨는 전혀 신경 쓰지 않았다. 그 상황을 가장 신경 쓰는 사람은 '한 손엔 부엌칼을 다른 한 손엔 카메라를 든' 장준우 셰프였다. 찰나의 순간을 카메라로 담기 위해 하신또 아저씨의 주위를 빠르게 돌며 프로다운 모습을 보여줬다. 미끄러운 바닥에서 미끄러지지 않게. 또 비싼 카메라가 시드라의 공격으로 파괴되지 않게.

"아스투리아스의 시드라가 영국의 사이더, 프랑스의 시드르와 뭐가 다른가요?"

내 질문에 하신또 아저씨는 살짝 괴로워하는 표정을 짓더니 답을 하기 시작했다.

"영국 사이더? 프랑스 시드르? 풋, 우리는 달라요! 뭐가 다르냐고? 내가 알려줄게요. 꽃향기! 바로 이 특유의 꽃향기지. 꽃향기가 어디서 오냐고요? 사과예요, 사과. 아스투리아스의 떼루아가 녹아든 사과지. 그게 달라요. 그리고 하나 더. 영국 사이더? 프랑스 시드르? 걔네는 산미가 없잖아요. 우리 시드라엔 산미가 있어요. 양조 방법이 달라요. 우리는 사과즙을 산화를 시키고 발효를 해서 산미가 있어. 우리 시드라를 마시면 몸에서 어떤 변화가 일어나요? 문 교수, 이야기해봐요!"

"아, 기분이 좋아집니다."

"그렇지. 그리고?"

내가 주춤하는 사이, 하신또 아저씨는 자신의 양쪽 귀밑을 잡으며 말했다.

"침샘이 자극돼요! 침이 나온다고! 사이더? 시드르? 침이 나오지 않아. 왜? 걔네는 산미가 없으니까."

설득력이 있었다. 영국의 사이더는 사과맛 스파클링 음료에 가깝다. 프랑스의 시드르는 맛과 향이 복잡하고 세련되었지만, 확실히 산미가 높지는 않다.

"이건 우리 아스투리아스의 유구한 문화예요. 내가 증명을 할 테니 잘 들어요. 이 세상의 모든 나라에서 술에 주세를 부과해요. 그런데 스페인에서는 와인과 시드라에는 주세가 없어. 왜 그런지 알아요? 이건 음식이거든, 문화라고. 문화에 누가 세금을 붙여?"

하신또 아저씨는 시드라 잔을 높이 올리고 주문을 외듯 외쳤다.

"꽃향기! 산미! 문화!"

하신또 아저씨는 갑자기 바깥으로 나가자고 했다. 우리는 영문을 모르고 그를 따라 나갔다. 빠른 걸음으로 걸어가는 하신또 아저씨의 뒷모습은 마치 개구쟁이 꼬마 같았다. 식당에서 새 시드라 컵과 시드라로 꽉 찬 시드라 병 하나를 들고나왔다. 그리고 두 건물 사이에 우뚝 서 있는 영험하게 생긴 나무 앞으로 갔다. 우리를 향해 연설하듯 이야기했다.

"이 나무의 나이가 천 살이에요. 마을의 상징과도 같죠. 자, 이제 시드라를 따르는 우리 아스투리아스의 문화를 보여드리겠습니다."

두 건물 사이의 광장으로 양조장의 직원들, 마실 나온 동네 마을 사람들이 나와서 하신또 아저씨의 퍼포먼스를 구경하기 시작했다. 뜨거워지기 시작하는 햇볕 때문에 몸속의 시드라 출신 알코올도 맹렬하게 내 핏줄을 타고 달리기 시작했다. 몽롱해진다. 천 살이나 된 나무 앞에 선 하신또 아저씨가 세비야의 만능 재간둥이 이발사 '피가로Figaro'의 아리아를 부르는, 연기 잘하고 노래도 잘 부르는 바리톤 가수로 보이기 시작했다. 그리고 어느 순간 시드라를 따르는 하신또 아저씨와 아저씨 바로 뒤편에 있는 천 살 먹은 나무가 한 몸으로 보이기 시작했다. 정말 굉장한 연출의 퍼포먼스다. 이 아저씨, 예술적이고도 영적인 그 무언가가 있는 것 같다. 내가 다시 정신을 차렸을 때 하신또 아저씨는 유쾌한 붉은 얼굴로 나에게 또 한 잔의 시드라를 권하고 있었다. 조금 더 떨어진 곳에 서 있는 양조장의 직원들은 '오늘 또 일 났군'하는 표정으로 사장님을 지켜보았다.

직원들에게 하신또 아저씨의 나이를 물어봤다. "아 우리 사장님이요? 천 살이요!"라고 대답을 하면 어떻게 반응하나 걱정을 하고 있는데, 직

원 중에서 하신또 아저씨의 나이를 아는 사람이 아무도 없다. 너무나 궁금한 마음에 나무 앞에서 여전히 시드라를 따라서 동네 사람들에게 권하고 있는 하신또 아저씨께 다가가 직접 물어봤다. 하신또 아저씨는 찡긋하고 웃더니, 또 종종걸음으로 오크통 고래가 있는 건물로 들어간다. 따라 들어갔더니 자신의 사진이 담긴 앨범을 보여준다. 하신또 아저씨의 청년 시절인 것 같긴 한데 연도를 가늠할 수가 없다. 그러나 사진의 바랜 정도를 보았을 때 적어도 40여 년 전이겠다는 추측만 들었다. 아니다. 혹시 2차 대전 때인가?

"문 교수, 우리 시드라의 70%는 외부로 판매하고, 30%는 지금 이 양조장 레스토랑 내에서 판매합니다. 외부 판매용 시드라에는 병에다가 종이 라벨을 붙이죠. 그런데 내부 판매용 시드라에는 라벨을 붙이지 않아요. 라벨이 없는 거죠. 그러니 나도 나이가 없어요."

이게 무슨 말이야. 아스투리아스의 산신령, 아니 술신령을 만난 영적인(?) 체험과 선문답. 하신또 술신령은 또 시드라 병을 들고 다니며 여기저기 손님들에게 시드라를 권했다. 유쾌하게 날아다니는 하신또 아저씨는 아스투리아스 시드라의 수호신임이 분명하다.

30
500 m

리바데셀라 마을

몇 년 전 막시의 호텔에서 삐뚜 데 깔레야를 처음 '영접'했을 때 나는 그 큰 사이즈에 놀랐었다. 놀란 기색을 숨기지 못하는 나에게 막시는 자신의 동네에서는 2~5kg 사이의 닭을 먹는다는 말을 덧붙였다. 그 말을 듣고 가장 먼저 든 궁금증은 정말 그런 닭을 일반적으로 구매할 수 있는지였다. 확인이 필요했다. 뽀오 마을은 작은 마을이라 슈퍼마켓을 찾을 수 없었다. 나는 뻬드로 아저씨, 장 셰프와 차를 타고 헤매다 리바데셀라 Ribadesella 마을로 흘러 들어갔다. 구글이 그곳에 식료품점이 있다고 알려주었다. 예상치 못하게 아름다운 마을과 만나게 된 것이다.

리바데셀라 마을의 식료품점 아람부루Aramburu는 30평이 채 안 되는 작은 동네 가게였다. 시골 식료품점의 특징이 으레 그렇듯 있을 건 다 있었다. 스페인 식료품점답게 하몬이 걸려 있었고, 쵸리소와 다양한 건조육들, 빵과 과자, 술까지 있었다. 들어가자마자 '삐뚜 데 깔레야'를 보고 싶다고 했더니 매대에서 정육이 된 닭의 다리를 딱 잡아 들고서 보여주었다.

"¡Muy Grande!(엄청나게 크네요!)"

내 말에 매대 뒤에 서 있던 사장처럼 보이는 아저씨가 손가락을 들어

올렸다.

"¡Un momento!(잠깐만!)"

그러더니 뒤편으로 사라졌다. 이내 냉장고에서 어마어마한 물건을 들고나오는 게 아닌가. 저울 위에 턱 올려놓는데…… 세상에 5kg이 넘는 토종닭이었다!

"¡Muy Muy Muy Muy Grande!(엄청 엄청 엄청 엄청 크네요!)"

격양된 목소리로 이야기를 했더니, 껄껄껄 웃으며 사진을 찍으라며 닭을 머리 위로 번쩍 들어 올렸다. 그 정도 크기의 닭을 한국에서 구하는 것은 불가능에 가까웠다. 그런데 독특하게도 닭이 누런색이었다. 품종의 특성상 피부가 노란 건가? 뻬드로 아저씨에게 왜 닭의 색이 이렇게 누런지 물었다.

"노란 닭이요? 우리 아내도 절 심부름 보낼 때 꼭 노란 닭을 사 오라고 합니다. 하얀 닭 사면 혼나요. 스페인 사람들은 노란 닭을 좋아하죠. 똑같은 닭이라도 껍질이 하얀 닭보다 가격이 비쌉니다. 요 녀석이 맛있는 녀석이거든요."

똑같은 닭이라도 껍질이 하얀 닭보다 노란 닭이 더 비싸다고? 그 말은 품종의 문제는 아니라는 뜻이다. 후에 자료를 찾아보고 스페인 친구들에게도 물어보니, 노란 껍질은 오래 기르면서 방목을 했다는 증거라고 한다. 엽록소가 풍부한 풀과 노란색 꽃을 뜯어 먹다 보니 색소가 피부에 침착되면 노랗게 변한 것이다. 귤을 많이 까먹으면 손이 노래지는 것과 비슷했다. 스페인 소비자들은 노란 껍질을 가진 닭에게 기꺼이 더 많은 돈을 지불한다.

예전에 스페인에서 공부를 하고 온 한국인 셰프들이 "교수님, 우리나라엔 노란색 큰 닭이 없나요?"라고 물었던 적이 있다. 방목을 하지 않아도 당근이나 데이지, 마리골드 같은 노란 색소가 많이 들어간 사료를 다량으로 섭취하면 노란색이 나타날 수 있다. 달걀노른자가 아주 진한 노란색이거나, 혹은 주황색인 것도 이런 사료의 영향이다. 물론 스페인에서 노란 껍질을 가진 닭들이 모두 방목한 것인지, 아니면 특정 사료 때문인지는 판단하기 어렵다. 아, 하나 더. 플라밍고 새가 핑크색(걔는 깃털까지 핑크다)인 이유는 플라밍고가 먹는 새우에서 받은 색소 영향이다. 펭귄의 응가가 핑크색인 이유도 다르지 않다.

물론 아름다운 항구 마을 리바데셀라엔 플라밍고도, 펭귄도 없다. 대신 노랗고 아름다우며 커다랗기까지 한 삐뚜 데 깔레야 닭이 있다. 창문마다 톡 튀어나온 테라스에 화분이 놓인 아름다운 마을이다. 천천히 산

el arte de
cocinar

책하며 둘러보기에 좋은 곳이다. 작년에 들렀던 아람부루 식료품점에 다시 들렀다. 그리고 사장님께 올해도 다시 이 아름다운 마을에 찾아왔음을 알리고 인사드리며 정을 쌓았다.

마을을 거닐다 보니 배가 고파왔고, 뷔리 할머니네 파바다Fabada를 먹으러 갈 시간이 되었다는 것을 알 수 있었다.

뷔리 할머니네 식당

뷔리 할머니를 처음 만난 건 2018년 2월의 밤이었다. 아스투리아스의 겨울은 매서웠고 한국의 장마철처럼 폭우가 내리고 있었다. 뼈를 에는 듯한 추위가 고통스럽기까지 했다. 길은 꼬불꼬불한 산길이었고, 빗줄기로 인해 앞이 잘 보이지도 않았다. 폭우로 인해 산에서는 돌과 흙이 굴러 떨어졌다. 그때도 나는 뻬드로 아저씨와 함께였다.

이런 곳에 식당이 있을 리가 있나? 여러 번을 생각했지만, 뻬드로 아저씨는 끊임없이 빗속을 헤치고 달렸다. 빗줄기 너머로 불빛과 작은 마을이 보이는 것 같았고, 곧 뷔리의 아궁이란 뜻을 가진 식당, '엘 야르 데 뷔리El Llar de Viri'에 도착했다. 차에서 내려 식당으로 들어가는 찰나에 옷이 흠뻑 젖었다. 눈이 아니어서 천만다행이라는 생각이 들 정도로 금방 몸이 차가워졌다.

식당의 문을 열고 반 계단을 내려오니 다시 문이 나왔다. 그 문을 열자 아주 오래된 가정집 분위기를 풍기는 내부에 식탁이 놓여 있었다. 밤 9시가 넘어가고 있었고, 그곳에는 아무도 없었다. 일단 우리는 제작된 지 100년은 되어 보이는 식탁 앞에 앉았다. 잠깐 맞은 비인데도 우리 등에선 아지랑이가 피어올랐다. 주방 쪽문이 열리며 빨간색 머리의 작고 귀여운 할머니가 고개를 내밀며 우리를 바라보았다.

Slow Food® Asturies

"춥지? 뭐 좀 먹을래?"

뻬드로 아저씨가 애절한 목소리로 답했다.

"Fabada, por favor(파바다, 부탁드려요)."

나도 한마디 보탰다.

"Mucho frío(너무 추워요)!"

빨간 머리의 뷔리 할머니는 안경 너머로 나를 빼꼼 쳐다보며 빙긋 웃더니, 손가락을 올리며 잠깐만 기다리라는 사인을 주고 주방으로 사라졌다. 그리고 몇십 분이 지난 후 뷔리 할머니는 김이 폴폴 올라오는 항아리를 들고나왔다. 파바다였다. 우리는 그 뜨끈뜨끈하고 진득한 국물과 국물 속에 든 고깃덩어리와 소시지로 몸을 녹였다. 왜 파바다가 이 지역의 전통 음식인지 직관적으로 이해할 수 있었다. 혹독한 추위와 습함이 계속되는 날씨에 이런 뜨끈한 국물이라도 먹지 않으면 인간이 제 명에 살기 힘들지도 모른다.

뷔리 할머니네 식당에 두 번째로 방문했을 때는 2018년 10월이었다. 파바다를 맛있게 먹고 우리는 식당을 나섰다. 남쪽으로 향하는 여정 중에 산속에서 폭설을 만나서 차가 여러 차례 심하게 미끄러지며 저세상으로 가는 줄만 알았다. 그 순간에도 '비록 이 눈 덮인 이역만리의 산속에서 죽지만, 그래도 파바다를 든든히 먹고 죽으니 그래도 나름 괜찮았던 삶이었어'라는 생각이 들 정도로 이 지역의 날씨에 딱맞는 음식이 바로 파바다다. 다행히 별일은 생기지 않았다. 그러고 보니 그때도 뻬드로 아저씨와 함께 있었네.

Fabada라는 단어 속의 Faba는 흰 강낭콩을 의미한다. 모양은 우리나라의 작두콩과 비슷한데 좀 더 가늘고 길며 껍질이 얇다. 가만, 유럽에서 강낭콩을 즐겨 먹는 문화를 가진 곳이 있었던가? 어렵지 않게 영국식 아침 식사와 아일랜드식 아침 식사에 등장하는 베이크드 빈Baked Bean을 떠올릴 수 있지만, 그건 하인쯔Heinz 통조림 덕분이다. 2차 대전 이후 토마토가 비싸지자 '토마토 국물'이 들어간 미국산 베이크드 빈 통조림이 그 자리를 대신했기 때문이다.

15세기까지 유럽에는 강낭콩이 없었다. 아메리카 대륙에서 유럽 내륙으로 강낭콩이 넘어온 건 1500년대였다. 당시 스페인에서 강낭콩을 주로 재배하게 된 지역이 아스투리아스였다. 그때부터 파바를 이 지역의 고기와 뭉근하게 끓여 먹은 것이 파바다의 시작이라는 설이 있고, 프랑스 남부 지방의 음식인 까슐레Cassoulet가 '순례자의 길'을 따라 스페인으로 들어왔고, 아스투리아스의 방식으로 정착한 것이 파바다라는 설도 있다. 실제 파바다와 까슐레의 레시피는 유사하다.

파바다의 레시피를 잠깐 살펴보자. 먼저 흰 강낭콩을 밤새 불린 다음

약한 불에서 2시간을 끓인다. 그리고 피멘톤이 들어간 스페인식 소시지인 쵸리소와 염장한 삼겹살인 판쎄따Panceta, 그리고 모르씨아Morcilla라고 불리는 검은 피순대 소시지를 투하하여 오랜 시간 천천히 끓인다. 돼지고기 목살 등 돼지의 다른 부위도 함께 넣어 끓이기도 한다. 그렇게 일정 시간이 지나면 쵸리소의 피멘톤향이 국물에 우러나오고, 판쎄따와 모르씨아에서 흘러나오는 '맛있는 것들'로 파바다의 국물이 빈틈없이 채워진다. 푹 익은 흰 강낭콩을 숟가락으로 누르면, 버터가 펴지듯 부드럽게 으깨진다. 이 파바다를 한 큰술 떠서 국물과 콩, 쵸리소 판쎄따를 한 꺼번에 입 안에 넣으면 살을 에는 겨울은 안녕이다. 여기에 아스투리아스의 시드라를 맑게 증류한, 알코올 도수가 30도가 넘는 아구아르디엔떼Aguardiente 한 잔을 마시면 '크!' 감탄이 절로 나온다. 아스투리아스의 혹독한 겨울을 이겨내는 초강력 병기라고 할 수 있다.

공교롭게도 뷔리 할머니네 식당은 매번 겨울에만 방문해왔다. 그러나 7월의 여름날에 다시 들르게 된 할머니네 식당은 분위기가 사뭇 달랐다. 뒷마당에서는 예쁜 꽃들과 더불어 요리에 사용하는 여러 식재료를 직접 재배했다. 콩도 직접 재배하고, 파바다에 들어가는 다양한 재료도 직접 장만해서 만든다고 했다. 참고로 뷔리 할머니는 아스투리아스에서 요리를 잘하기로 유명하신 분이다. 파바다로 요리 대회에서 우승한 전력도 있다. 그러니 할머니의 파바다를 맛본다는 것은 아스투리아스 최고의 파바다를 맛보았음을 의미한다. 아니, 세계 최고의 파바다를 맛보는 것이다.

우리 일행이 방문한다는 사실을 전화로 알리자, 뷔리 할머니는 "Vais a poneros morados aquí"라는 말을 했다. '이곳에서 너희의 얼굴을 보라색으로 만들겠다(음식으로 질식시켜 죽여버리겠다)'라는 결연한 의지가 담긴 말이었다. 할머니가 준비한 코스는 이러했다.

1. 오레가노와 올리브유로 맛을 낸 토마토와 아스투리아스 치즈: 입맛을 돋운다.
2. 릭퓨레와 모르씨야 퓨레를 곁들인 비스킷: 계속 들어가는 풍부한 맛.
3. 비리 할머니표 파바다: 여름에 먹어도 맛있어!
4. 뽀떼 아스뚜리아노Pote Asturiano: 우거지 해장국 비슷한 맛이 나는데?
5. 이베리코 하몬을 올린 버섯 튀김: 감칠맛도, 내 배도 터질 것 같아.
(이때 잠깐 식사를 중단하고 밖으로 나가 동네 한 바퀴 돌고 왔다. 뷔리 할머니가 두고두고 자랑스러워하시는 대목이다.)
6. 아스투리아스 토종닭 삐뚜 데 깔레야 기사도: 우리나라 찜닭 같다.
7. 아스투리아스 토종 산양 기사도: 아, 뷔리 할머니 이제 그만요!
8. 보니타 미트볼: 더는 기억이 나지 않습니다.
9. 딸기 셔벗과 딸기 아이스크림: 디저트 배는 따로 있습니다.

보라색이 된 우리를 흐뭇하게 바라보는 뷔리 할머니께 작별의 인사를 하고 우리는 다시 막시네 호텔로 돌아갔다. 빨간 머리의 뷔리 할머니는 보라색의 한국 친구들이 시야에서 사라질 때까지 손을 흔드셨다.

1시간 후, 보라색의 한국인들이 일렬로 호텔로 들어오는 것을 주방에서 곁눈으로 쳐다보던 막시가 피식하고 웃었다. '이제 아스투리아스의 정을 좀 알겠지?'라는 의미가 담긴 웃음이었다.

El Llar
de Viri

21
El Llar de Viri
Casa de comidas
Ven y disfruta la cocina
tradicional guisandera con
productos de Candamo
985 82 80 22
LA MEJOR FABADA
DEL MUNDO 2013
www.llardeviri.com
El Llar
de Viri

도리따 할머니네 목장

빼드로 아저씨는 아스투리아스를 떠나기 전에 반드시 산악 지역에서 생산되는 치즈를 먹어봐야 한다고 했다. 막시네 호텔에서 다음 목적지인 히메네스Jiménez 마을까지는 6시간이 넘게 걸린다. 우리는 결국 치즈 농장에 들러 이야기도 나누고 가벼운 점심으로 치즈를 먹기로 했다.

아스투리아스의 대표적인 식재료로는 세 가지를 꼽을 수 있다. 날씨의 영향으로 활발히 재배되는 사과로 만든 술 '시드라', 춥고 혹독한 겨울을 나기 위해 푹 끓여 먹는 '파바다', 산악 지역의 발달로 산에서 키우는 소, 양, 염소의 젖으로 만든 '치즈'다. 특히 블루치즈의 일종인 까브랄레스 치즈Queso Cabrales를 빼놓을 수 없다. 우리는 아스투리아스를 떠나며 까브랄레스 치즈를 만나기로 했다.

호텔에서 막시네 가족들과 헤어지며 우리는 다시 만날 것을 약속했다. 그러나 빌어먹을 코로나 때문에 서로 페이스북만 쳐다보며 막시네 가족이 건강하게 지내는 것만 확인하고 있다. 호텔 같은 숙박 업종이 코로나에 직격탄을 맞은 만큼 내가 다시 돌아가기 전까지 잘 버티고 있길! 막시네 호텔에서 출발한 지 1시간도 안 돼서 깜빡 잠이 들었다. 그러다 이상한 기분이 들어 눈을 떴다가 마주하게 된 광경에 당혹감을 느꼈다.

우리가 달리고 있는 곳이 스페인이야? 여기 알프스 아니야? 이런 질문이 나올 정도로 산 위로 높이도 올라간다. 기압이 달라지는 것이 느껴지고, 하늘이 가까워짐을 느낀다. 구름이 바로 머리 위로 낮게 떠 있다.

아스투리아스주의 남쪽 산악 지역인 까브랄레스의 로스 아레나스Los Arenas라는 외진 산동네에 도리따 할머니의 치즈 농장이 있다. '께세리아 베가 데 또르딘Queseria Vega de Tordin', 스페인어로 치즈는 께소Queso이고, 께세리아Quesería는 치즈집이나 치즈공방을 의미한다. 바깥으로 나와 우리를 맞이해준 이 치즈공방의 오너는 '도리따 디아스포사다' 할머니였다. 연세를 물어보진 않았지만 몹시 장성한 아들이 있으신 걸 보면 예순에서 일흔 남짓일 거라고 추측할 수 있었다. 한국의 친구들에게 한 시간이 넘게 자신의 모든 것을 설명하시는데 목소리가 어찌나 정정하신지!

그러니까 다른 사람들보다 일단 목소리의 크기가 크다. 그리고 톤이 높다. 일반적으로 '도'의 톤으로 이야기를 한다면, 도리따 할머니는 '도레미파솔라시'의 '시'의 톤으로 말한다. 또 말이 빠르고 말이 많은데 성질도 급하시다. 이 께세리아에서 뻬드로 아저씨는 고전을 면치 못했는데, 방금 이야기한 그 이유로 통역을 너무나 힘들어했다. 도리따 할머니는 뻬드로 아저씨가 통역을 하는 그 시간을 못 참고 아저씨의 말이 끝나기도 전에 다음 이야기를 꺼냈다. 하실 말씀이 너무 많으신 게다.

"말이 너무 빠르고 사투리가 심해서 알아듣기가 힘들어요"라며 울먹이던 뻬드로 아저씨의 호소와 아주 독특한 발성으로 높고 크고 빠르며 양까지 많은 도리따 할머니의 목소리가 내 귀를 채우니 나조차 정신이 혼미해졌다. 할머니를 따라다니며 사진을 찍던 장 셰프는 착유 장치를 설명하는 곳에서 "저는 바깥 경치 사진을 좀"이라고 하며 나가더니 다시는 들어오지 않았다. 착유 장치가 있는 곳은 밀폐된 공간이라 소리가 더

VEGA DE TORDÍN
QUESO CABRALES

크게 메아리쳤고, 너무나 높고, 크고, 빠르고 많은 소리로 인해 시간과 공간이 비틀어지는 환상적인 체험을 했다. 귀가 먹먹했던 것이 기압 차이 때문인 줄 알았지만 나중에 산을 내려와서도 계속 소리가 잘 안 들렸던 것을 보면 그것은 시간과 공간을 비틀어버리는 도리따 할머니의 매력적인 초능력 때문이었던 것 같다.

소리를 제외하고 도리따 할머니의 치즈 농장에서 인상적이었던 점은 냄새다. 우유와 치즈, 소똥 냄새가 섞인 묘한 냄새가 났다. 아스투리아스 산골 농장의 향기였다. 농장은 깨끗하고 아름다웠다. 소리와 냄새만 지나치면 거인마냥 솟은 봉우리들이 보였다. 그 봉우리에 찢어질듯 낮게 흘러가는 구름까지.

다시 소리로 돌아오자. 도리따 할머니네 농장은 1800년대부터 치즈를 만들기 시작한 6대나 된 가업을 유지 중이었다. 특히 할머니의 할머니였던 미구엘라 할머니가 이 산동네에서 유명한 목동이었다고 한다. 미구엘라 할머니는 치즈를 잘 만들기로도 소문이 자자했고, 그렇게 치즈가 이 집안의 핵심 비즈니스가 되었다. 자, 이제 도리따 할머니의 목소리를 들어 보자.

"미구엘라 할머니 때부터 나랑 내 여동생도 치즈를 같이 만들었어. 할머니는 동네에서 아주 유명한 목동이었지. 소도 잘 치고, 치즈도 얼마나 잘 만들었는지 알아? 미구엘라 할머니 치즈는 특별해서 돈을 벌 수 있었지. 그걸 우리 아빠랑 엄마가 배웠고 나도 지금 이렇게 일하고 있잖아. 아까 요 앞에서 수염 기른 잘생긴 남자 봤지? 걔가 내 아들이야. 내 아들도 농장 일을 해. 쉬운 거 아니라니까. 아, 그래. 미구엘라 할머니 이야기를 하고 있었지? 할머니가 만든 2kg짜리 까브랄레스 치즈가 벨기에……

음, 거기가 어디더라? 아, 브뤼셀, 브뤼셀 맞지? 브뤼셀 치즈 경매에서 자그마치 11,000유로에 팔렸어. 믿기니? 1,100유로가 아니라 11,000유로라고. 이 까브랄레스 치즈는 블루치즈야. 알지? 파란색 곰팡이가 들어가 있는 거. 까브랄레스에 있는 18개 마을에서 생산한 것만 까브랄레스 치즈라고 불러. 방목한 소, 양, 염소의 젖을 다 쓸 수 있어. 하지만 우리는 소젖만 쓰지. 그게 제일 좋더라고. 그런데 당신들 소 한 마리에 하루에 우유가 얼마나 나오는지 알아? 하루에 서너 번 20~60L를 뽑아. 근데 얘네들이 지들 알아서 착유기로 와서 줄을 서 있다니까. 젖이 아프니 우유를 빼내 줘야 해. 소들에겐 착유가 일종의 상을 받는 시간인 거지. 상 받으려고 줄 서는 거야. 하하하하하하."

이때쯤 귀에 장애가 오기 시작한 장 셰프는 농장 주변 경관 사진을 찍어야겠다고 나가버렸다. "도리따 할머니, 이 착유 시설은 꽤 비싸 보이는데요?"라고 물었다. 도리따 할머니는 단 0.1초의 갭도 두지 않고 바로 답변을 시작하신다.

"내가 이 산꼭대기에서 치즈를 만들다가, 이 일을 좀 더 제대로 해야겠다고 생각했지. 그래서 2008년부터는 아예 회사를 만들어 본격적으로 사업을 시작했어. 돈을 많이 썼어. 정말 많이 썼지. 그런데 니네 기억나? 2012년에 큰비가 왔잖아. 기억하지?"

"할머니, 죄송한데 저 그때 한국에 있었어요."

"아, 그랬나? 하하하. 그때 집 안에서 20분간 비가 내리는 걸 보는데, 어마어마하게 오는 거야. 정말 무서웠지. 우리는 이제 다 죽었구나 싶더라구. 모든 게 다 부서졌고 쓸려 내려갔어. 끝났다는 생각만 들었지. 아주 힘들었어. 그런데 내가 보험을 들어놨지 뭐야? 천만다행이었어. EU랑 스페인 정부가 보조금도 줬고 돈도 빌렸지. 이 시설이랑 장비는 그때

다 마련한 거야."

할머니의 표정이 일순간 진지해졌다.

"당시에 그런 생각이 들더라고. 이 고통 속에서 나를 버틸 수 있게 한 게 뭘까? 내 인생엔 두 개의 기둥이 있어. 바로 가족과 이 치즈야."

아, 도리따 할머니, 할머니는 정말 엄청난 이야기꾼이며, 위대한 마케터예요. 치즈를 안 살 수가 없게 만드시네요. 하지만 밖으로 사진 찍으러 나간 장 셰프는 돌아오지 않고 있습니다.

"그래서 이 일을 완전히 가슴에 품게 되었지. 내가 애들 둘을 전부 산 위에서 낳았어. 이야기했지? 어렸을 때부터 목동이었다고. 그게 목동의 삶이야. 소들 사이에서 애를 낳는 거야. 아이를 낳았다고 바로 집으로 내려올 수 있게? 아니, 목동은 그렇게 못하지. 갓난아기와 소들이 3개월간 산에서 같이 살았어. 목동은 그렇게 사는 법이지. 그렇다고 아무 생각이 없었던 건 아냐. 나도 임신 중엔 생각이 많았어. 이 삶을 내 아이에게도 물려 줘야 할까? 이 일을 하지 않는 건 어떨까? 많이 고민했지. 밤에 산속에서 감정이 북받쳐 오르더라고. 소들 사이에서 말이야."

도리따 할머니는 당시를 떠올리며 울컥한 듯했지만 금세 결연한 표정을 지으며 말을 이었다.

"그래서 집으로 돌아와서 남편이랑 싸웠어. 나도 알아. 이 일을 하지 않아도 먹고 살 수 있지. 하지만 이 일의 가치를 믿었어. 의미 있는 일이잖아. 이 일을 해야 해. 그래야 나는 행복해. 남편이랑 정말 많이 싸웠어, 하하하. 지금은 남편도 즐거워해."

나와 함께 그 자리에 있었던 동료들(장 셰프는 도망가고 없었다)이 기억하는 도리따 할머니 말씀은 지금까지가 시작 부분이다. 이후에 할머니가 들려주신 까브랄레스 치즈를 어떻게 만드는지, 품질 관리를 어

떻게 하는지에 관한 이야기로만 이 책의 남은 분량을 거의 다 채울 수 있을 정도다. 하지만 그러지 않기로 하고, 도리따 할머니가 말씀해주신 좋은 블루치즈란 무엇인가에 대한 이야기만 정리하려고 한다.

"어떤 블루치즈는 매운맛이 나는 거 알지? 매워서 좋다는 사람도 있기는 해. 다른 사람들은 뭐라고 말할지 모르겠다만, 평생 소를 치고 치즈를 만드는 내 입장에서는 블루치즈가 너무 매우면 그건 잘못 만든 거야. 까브랄레스 치즈는 산속 동굴에서 최소 2개월을 숙성해. 우리 집은 5개월까지도 숙성하지. 동굴은 습하잖아? 온도가 너무 높으면 치즈는 상할 가능성이 있는데 동굴의 온도는 낮지. 그래서 곰팡이가 붙으며 자연스럽게 천천히 치즈 속으로 스미는 거야. 마지막 작업에선 표면의 곰팡이를 제거해. 그럼 적당한 향과 풍미가 생겨. 이때 균이 잘못되면 매운맛이 강하게 올라오더라고. 좋은 게 아니야."

까브랄레스 치즈는 푸른곰팡이가 핀 블루치즈이다. EU의 지리적표시제에 등록되어 있는 '까브랄레스'라는 지역 명칭은 이 지역 18개 마을에서 생산한 치즈에만 쓸 수 있다. 예전에는 300개의 농가가 까브랄레스 치즈를 만들었지만, 현재는 28개의 농가만 남아 있다. 까브랄레스 치즈의 미래는 어떻게 될까?

도리따 할머니는 우리를 위해 점심을 마련해주셨다. 야외 테이블에 모여 앉아 아스투리아스의 까브랄레스 치즈를 아스투리아스의 딱딱한 빵에 올려 먹었다. 한국의 손주들에게 먹을 것을 주시느라 바쁘게 뛰어다니는 도리따 할머니는 '아스투리아스의 하이디' 같았다.

도리따 할머니는 아스투리아스 시드라를 아스투리아스 방식으로 따라서 마시기를 권했다. 바람이 부니 시드라가 곡선을 그리며 떨어져 내렸다. 도리따 할머니는 완벽한 솜씨로 시드라를 받았다. 낮술이 힘들어 그만 마시겠다는 말에 할머니는 눈을 똥그랗게 뜨며 "이 치즈는 시드라랑 먹는 거야!"라면서 계속 술을 권했다. 거절할 수가 없었다. 그 무렵 귓속에서 울렸던 삐~ 소리는 고도에 따른 기압 때문이었을까, 낮술 때문이었을까? 그리하여 대낮부터 만취 상태였던 내가 마지막으로 본 장면은 도리따 할머니가 까브랄레스 치즈를 가득 올린 빵을 한국인 손주의 입에 넣어주는 모습이었다. 친근한 우리네 할머니와 다를 바가 없었다.

도리따 할머니가 산에서 낳은 두 아들 중 큰아들은 마흔이 되었다. 그가 가업을 잇고 있다. 취기가 올라 몽롱했던 정신을 차리고 주변을 돌아봤더니 나는 차에 실린 채 움직이고 있었다. 차 뒤편을 돌아봤더니 저 멀리 도리따 할머니가 웃으며 손을 흔들고 계셨다. 그렇게 우리는 아스투리아스를 떠났다.

◦ *Part 2* ◦

레온 – 엑스뜨레마두라

◊ 4 ◊

레온

León

France
Asturias
Cantabría
País
Vasco
Galicia
Navarra
La Rioja
Castilla y Leon
Cataluna
Aragón
Portugal
Castilla La Mancha
Valencia
Extremadura
Murcia
Andalucía
Algeria
Morocco

히메네스 마을

도리따 할머니네 목장에서 차를 타고 남쪽으로 내려오면 고도가 점점 높아진다. 깐따브리카 산맥의 정점을 향해 올라가기 때문이다. 깐따브리카 산맥은 스페인 북부를 동서로 가로지르는 산맥으로 해발 2,642m에 달한다. 한라산보다 훨씬 높다. 도리따 할머니네 목장은 이 산맥에서 가장 높은 봉우리 인근에 위치해 있다. 그런 이유로 우리는 가장 높은 산을 넘어 남쪽으로 내려갈 생각이었다. 구름이 내 머리 위로 넘어가고, 하늘과 땅 사이의 폭이 좁아진 느낌이다. 산세가 정말 험난했다.

서기 711년, 무어인들이 북아프리카에서 이베리아반도로 건너왔다. 당시 이베리아의 지배자였던 서고트 왕국을 북쪽을 향해 파죽지세로 밀어붙였다. 이베리아반도 지역 대부분이 무어인들에 의해 복속되던 와중에 높디높은 깐따브리카 산맥이 무어인을 막아섰다. 깐따브리카 산맥은 천연의 성벽이었다. 드라마 〈왕좌의 게임〉에 나오는 아무나 넘을 수 없는 북쪽 빙벽과 같은 존재다. 지금도 차들이 낑낑대며 올라간다.

서기 722년 무어인들의 군대는 아스투리아스를 향해 이 험준한 천연 성벽을 거의 넘어서고 있었고, 곧 이베리아반도의 북쪽 끝 대서양 해변에 달할 수 있을 것만 같았다. 코앞에 대서양이 보인다. 그런데 산을 내려가기 전 코바동가Covadonga에서 아스투리아스 왕국의 전사들의 기습에

패배하고 남쪽으로 되돌아간다. 그리고 그들은 다시는 이 '깐따브리카 성벽'을 넘지 못했다. 스페인의 레콩키스타Reconquista(국토회복운동)의 출발점이 바로 이 깐따브리카 산맥이다.

아스투리아스에서 깐따브리카 산맥을 넘어 남쪽 '까스띠야 이 레온Castilla y León'으로 내려오면 비로소 우리가 아는 스페인이다. 수백 년간 지속된 무어인의 이베리아반도 지배는 아이러니하게도 이종교배의 독특함이 느껴지는 스페인의 문화를 만들었고, 여타 유럽 국가와 차별점을 가지게 되었다. 언어, 농업과 음식문화, 음악, 춤, 건축양식 등 모든 부분에서 스페인은 북아프리카 무어인의 영향을 받았고, 그래서 다르다. 그리고 아름답다. 국경을 마주하고 있는 이웃 나라 프랑스와는 그 방향이 너무나 다르다. 오죽하면 나폴레옹이 "피레네 산맥만 넘으면 거기서부터는 아프리카"라는 말까지 남겼을까? 무어인의 영향을 받은 까스띠야

이 레온 지역으로 내려오면 기후대도 바뀐다. 습하고 선선한 아스투리아스의 서안해양성 기후대에서 뜨거운 아열대 기후로 변한다. 눈에 보이는 공기의 색조차 달라 보인다.

인구 20만의 레온León을 지나쳐 남서쪽으로 50분을 운전했다. 우리의 목적지인 히메네스 데 하무스Jiménez de Jamuz 마을이 나왔다. 이 마을 외곽에 있는 식당 '보데가 엘 카프리쵸Bodega El Capricho'의 오너 셰프이자 농부인 호세 고르돈 아저씨를 만나기로 했다. 약속 시간까진 한 시간 남짓의 여유가 있었다. 우리는 마을을 산책한 후에 '엘 카프리쵸'로 이동하기로 했다.

히메네스 마을로 천천히 차를 몰고 들어갔다. 한적함이 우리를 반겼다. 거리에 사람이 한 명도 보이지 않았다. 오래되어 허물어져 가는 건물들 사이에 새롭게 지어 올린 건물들이 간간이 보였다. 그중 가장 깨끗하게 수리된 건물의 인근에 차를 주차하고 걷기 시작했다. 그 건물의 정체는 마을 교회였다. 즉, 히메네스 마을에서 가장 근사한 건물은 교회라는 것이다. 교회를 중심으로 비교적 깨끗한 집들이 모여 있었다. 2~3분을 걸어갔더니 폐허가 된 건물이 다수 보였다. '아, 가난한 동네구나'라는 생각이 들었다.

마을 곳곳을 둘러봐도 제대로 된 작물을 기르는 곳이 없었다. 길가 공터도 황량했다. 유럽의 시골로 들어가면 공터에는 작물이나 예쁜 꽃들이 심겨 있기 마련인데, 그저 그런 흙바닥이었다. 농사가 잘될 만한 흙도 아니었다. 살짝 붉은 빛이 도는 황토 진흙인데……. 흙의 색과 질감이 남달랐다. 그제야 주위 집들의 외벽이 전부 붉은 빛이 도는 황토인 것이 보였다. 길가의 벽도 붉은 빛이 도는 황토 진흙으로 쌓아 올린 것이었다. 벽 중간중간에 깨진 옹기 같은 것이 박혀 있었다. 우리는 적황토벽을 따라 걷다가 'Alfar Museo(도공陶工 박물관)'라고 쓰인, 반쯤 색이 벗겨진 표지판을 발견했다. 마을의 곳곳에 'Alfarería'라는 간판이 보였다. 도기 공방이라는 의미다.

"이 마을은 주로 흙으로 도기를 만들어 파나 보네요. 그래서 마을 군데군데 공터에 흙이 노출되어도 별로 신경을 안 쓰나 봐요? 이게 익숙한 거니까."

내 말에 함께 걷던 뻬드로 아저씨가 의외라는 듯이 물었다.

"도기는 못 먹는 건데도 관심을 가지네요?"

"음식을 먹으려면 그릇에 담아야죠. 그게 도기니까요."

그때 뒤따라오던 장 셰프가 그릇 욕심에 패가망신의 길로 접어든 지인의 이야기를 들려주었다. 제길, 그 말에 설득된 나는 이날 히메네스 마을에서 도기 그릇을 사지 못했다.

나중에 자료를 찾아보고 알게 되었지만, 히메네스 마을은 예로부터 도기 공방으로 유명했다고 한다. 스페인의 천재적인 건축가 가우디도 히메네스에서 만든 영롱한 빛의 도자기를 자신의 건축물 외관에 사용했다는 기록이 있다. 가우디는 건축물의 외벽을 장식할 때 '트렌카디스 Trencadis' 기법을 자주 사용했던 것으로 유명하다. 트렌카디스 기법은 도자기를 깨뜨려서 그 조각을 타일처럼 조각조각 붙이는 기법이다. 영롱한 빛으로 완성된 히메네스의 도자기들은 가우디의 손에 의해 즉시 깨졌을지도 모르겠다. '이보시오. 당신의 도자기들은 정말 아름답소. 그러니 박살을 내야겠소.' 영적이며 훌륭한 인격의 소유자였던 가우디가 그 도기를 도공이 쳐다보고 있는 데서 깨뜨리진 않았길 바란다.

우리는 한 공방에 들어갔다. 벽과 선반에 다양한 도기들이 올려져 있었다. 투박한 옹기처럼 생긴 것부터 한국의 식당에 가져다 놓으면 “세상에 이런 희한한 접시를 어디서 구했대요?”라는 질문이 나올만한 독특한 문양의 접시들까지 즐비했다. 공방 안쪽에는 작업실로 사용하는 공간이 보였다. 수년 동안 팔리지 않았을 것이 분명하고 앞으로도 거의 팔리지 않을 거라고 확신할 수 있는 도기들도, 살까 말까 고민되는 스페인스러운 도기들도 보인다. 그중 특히나 내 눈을 사로잡은 것은 물이나 술, 음료를 담는 기묘하게 생긴 항아리였다. 아니, 주전자라고 해야 할까?

긴 손잡이가 있는 붉은 빛이 도는 주전자를 집어 들었다. 주전자의 머리 부분에는 오리인지 닭인지 모를 가금류 동물을 형상화한 장식이 있었다. 우리 옹기처럼 투박한 느낌을 풍겼다. 그런데 뚜껑 없이 액체를 주전자에 바로 부을 수 있게 만들어져 있었다. 무엇보다 세상에, 주둥이가 세 개였다. 주둥이가 세 개 달린 주전자라니! 한 번에 석 잔을 따른다고? 이 주전자가 놓여 있는 선반에 ‘Jarras de Trampa’라는, ‘속임수 항아리’라는 의미를 가진 이름이 붙어 있었다. 이렇게 생긴 항아리 또는 주전자가 마을 모든 공방에 있었다. 특정 가게의 디자인이 아니라 히메네스 마을의 전통적인 디자인이었다.

속임수 항아리를 이리저리 뒤집고 돌려보고 있으니, 공방 주인 여사님이 주전자를 하나 더 가지고 나왔다. 여사님의 손에 들린 주전자는 내가 흔히 봐온 필립스 커피포트였다. 여사님은 내 손의 속임수 항아리를 받아서 물을 채운 뒤 앞으로 기울였다. 역시 세 주둥이로 물줄기가 튀어나왔다.

“세 주둥이 아래를 보면 여러 개의 구멍이 보이지?”

주둥이 아래를 보니 열 개쯤 되는, 오카리나의 구멍과 비슷해 보이는

DIA DE LA PERA
ACISA

작은 구멍들이 뽕뽕뽕 뚫려 있었다.

“이 구멍들은 장식이 아니야. 이게 바로 이 항아리의 속임수지. 이 구멍 중에서 몇 개를 손가락으로 막으면서 항아리를 기울이면 이 세 주둥이 중에서 중간 주둥이에서만 물이 나와. 양쪽 주둥이에선 물이 나오지 않지. 그래야 옷을 버리지 않고, 또 아까운 와인을 바닥에 쏟지 않을 수 있어. 궁금하면 돈을 내고 이 주전자를 사. 그러면 어느 구멍들을 막아야 하는지 알려줄게.”

신기하다. 머릿속에서 온갖 생각이 다 지나간다. 이 속임수 항아리를 내 손에 넣으면 앞으로 있을 술자리의 병권瓶權은 내게 들어올 것이라는 생각부터, 이 동네 조상들도 술자리에서 병권을 놓고 싸우다가 이런 항아리를 개발했을까, 아니면 아이들이 부모님 몰래 와인을 훔쳐 먹지 못하도록 이런 걸 개발했을까, 이 항아리를 어떻게 깨뜨리지 않고 한국으로 가져갈 수 있을까 등의 생각이 내 머릿속을 채웠다. 그때 마지막에 든 생각이 장 셰프의 ‘그릇 욕망 패가망신’이었다. 가격도 50유로가 넘어 만만치 않았다. 나의 갈등에는 아랑곳하지 않고, 뻬드로 아저씨는 “아, 배고픈데 빨리 가죠? 호세와 약속한 시간이 다 됐어요!”라고 말했다. 나는 그날 그 공방을 그냥 나온 것을 두고두고 후회하고 있다. 다시 히메네스 마을에 가면 꼭 속임수 항아리를 사서 술자리에서 술 항아리 스타가 되리라!

히메네스 마을 교회에서 호세 고르돈 셰프의 스테이크 하우스 ‘보데가 엘 카프리쵸’까지는 차로 10분이 채 걸리지 않았다. 이 짧은 이동 중에 마을 어귀에 수많은 움막 동굴이 줄을 서 있는 것을 보았다. 나지막한 구릉의 전면에 굴을 파고 들어간 상당히 기묘한 형상이었다. 동굴 입구의 높이는 사람 키보다 조금 더 큰 정도였으며, 입구는 견고한 문으로 막아 놓았다. 사람이 산다고 보기에는 창문이 없거나 작아서 채광이 좋지 않고 답답할 것 같았다. 나중에 알게 되었지만 이 움막 동굴 같은 곳은 히메네스 마을 전통 방식의 와인 저장고였다. 인구도 얼마 안 되는 이 동네 사람들은 도대체 와인을 얼마나 많이 마시기에 이렇게 많은 와인 저장고를 마을에 두고 있는 것일까? 이런저런 생각을 하다 보니 어느새 '보데가 엘 카프리쵸'에 도착해 있었다.

엘 카프리쵸는 간판이나 입구 없이 허허벌판에 지어져 있었다. 앞마당에는 자신의 이곳이 엘 카프리쵸임을 알리는 멋진 녹슨 쇳덩이 조형물이 하늘 높이 솟아 있었다. 아주 긴 비석이나 말뚝처럼 보이는 그 조형물의 꼭대기에는 엘 카프리쵸를 상징하는 황소의 머리 모양의 로고가 새겨져 있다. 차에서 내려 그 조형물 쪽으로 걸어가 위를 올려다보니 황소 머리 모양의 로고 옆으로 흘러가는 하얀 구름이 보인다. 아, 아까 그 속임수 항아리 샀었어야 했는데!

호세의 목장

우리나라에서는 한우를 28개월에서 33개월을 기른 후 도축한다. 미국에서는 보통 24개월까지만 기른다. 돼지는 6개월 정도를 기른다. 그런데 소의 수명은 대략 20년이고 돼지는 10년이다. 우리가 이들을 더 오래 기르지 않는 이유는 무엇일까?

역시 '경제성'이다. 여러 이유가 있겠지만 결국은 생산비 절감 때문이다. 인간과 마찬가지로 어렸을 때는 먹은 만큼 몸이 빠르게 커진다. 그러나 일정 시기가 지나면 이야기가 달라진다. 가축에게 사료를 더 먹여도 육량보다 지방이 늘어나거나, 체중 증가 자체가 쉽게 되지 않는다. 소위 말하는 '사료 효율성'이 나빠질 때가 되면 도축한다. 소는 나이가 들수록 식감이 단단해지므로 부드러운 식감을 좋아하는 소비자들의 선호에 부합하기 위해서기도 하다. 그래서 반려동물이 아닌 경제 동물인 소, 돼지, 닭은 제 명을 다 살지 못한다. 고기를 즐기더라도 이런 배경을 알고 그들의 희생에 감사한 마음으로 먹어야 한다.

그런데 만약 소를 충분히 오래 길렀을 때 소비자들이 선호할 만한 강점이 있다면? 모두가 효율성과 가격 경쟁력을 이야기하기 바쁠 때, 그 강점을 찾아낸 셰프가 있다면? 히메네스 데 하무스 마을 어귀에 있는 '보데가 엘 카프리초'는 고객들에게 '천천히 오래 기른 맛'을 선사한

다. 엘 카프리초에서는 최대 19년 된, 몸무게는 더 이상 늘지 않지만, 자신에게 운명으로 주어진 삶의 최고치에 달한 소를 쓰기도 한다. 오래, 그리고 천천히 기른 맛의 성지에 온 것을 환영합니다.

엘 카프리쵸의 오너 셰프이자 소를 기르는 농부 호세 고르돈을 처음 알게 된 건 아내 덕분이었다. 집에 TV가 없는 관계로 문화 콘텐츠에 대한 욕망을 보이던 아내는 넷플릭스를 구독했다. 그리고 나는 그 플랫폼에서 'Steak (R)Evolution'이라는 다큐멘터리를 보게 되었다. 한 프랑스 정육업자가 전 세계 최고의 스테이크를 찾아 나서는 다큐멘터리였다. 호세의 엘 카프리쵸는 전 세계에서 최고의 스테이크를 제공하는 곳으로 그 영상에 등장했다.

다큐멘터리에서 호세는 진지하면서도 허당스러운 모습을 보였다. 자신의 키보다 훨씬 큰, 무려 1t이 넘을 때까지 오랫동안 기른 소와 호세가 함께 서 있는 장면이 나를 사로잡았다. '저길 가야 할 것 같아'라는 생각이 들었고, 그가 자신을 찾아온 프랑스 정육업자에게 소의 두툼한 지방을 잘라서 건네며 '지방에서 이런 식감이 나는 스테이크를 본 적이 있나?'라는 의기양양한 모습으로 스테이크를 씹는 호세의 모습을 봤을 때 내 영혼은 이미 보데가 엘 카프리쵸로 가 있었다. 그리고 이듬해 2018년에 나는 그를 찾아갔다. 우리는 어렵지 않게 친구가 되었고, 다음 해인 2019년에 두 번째로 방문했다.

오후 5시 30분, 사람들은 보데가 엘 카프리쵸 앞의 낮은 테이블에 모여 앉아 맥주, 와인, 커피를 즐기고 있었다. 대화를 나누는 입 모양을 보니 대부분은 스페인 사람들처럼 보였다. 스페인어는 입 모양만 봐도 저 스페인 사람이 스페인어를 하고 있구나, 알아차릴 수 있다. 윗니와 아랫니 사이에 혀를 넣었다가 빼면서 하는 발음, 영어로 치자면 'th/θ' 발음이 아주 많다. 아마 전 세계 모든 언어 중에서 이 발음이 가장 많을 것이다. c와 z를 이렇게 발음하는데 c는 모음 e와 i 앞에서, z는 모음 a, o, u 앞에서 이런 발음이 난다. 반면에 남아메리카 스페인어에서는 c와 z를 s처럼 발음한다. 이 발음으로 스페인 본토 사람인지 남아메리카 사람인지를 구분할 수 있다.

특히 맥주를 앞에 둔 스페인 사람들의 입 모양을 보면, 더욱 확실하게 그들이 스페인 사람들이라는 것을 알 수 있다. 맥주는 스페인어로 cerveza이다. 이 발음을 하기 위해서는 윗니와 아랫니 사이로 혀가 두 번 나와야 하고, r을 발음할 땐 혀를 입안에서 '아르르르' 하고 굴려야 한다. 즉, 맥주는 'thㅔ르르르vㅔthㅏ'가 된다. 입과 혀가 바쁘게 움직일 수밖에 없다. 혀와 입이 지나치게 바쁘게 움직인다면 스페인 남부 안달루시아 출신 사람이라고 추측하면 된다. 남부 안달루시아 사람들은 모음 발성에 코맹맹이 비음도 섞여 있어서 더더욱 티가 난다. 입의 움직임을 보니 건물 앞 테이블에 앉아서 술을 마시고 있는 사람들은 대부분 스페인 사람들인 게 분명했다. 이 사람들은 일단 매우 시끄러웠고, 대화할 때 허공을 휘젓는 손동작, 아니 팔동작도 컸고, 너무나 유쾌했다. 스페인 사람들이 확실하다.

오후 5시 30분, 그들이 늦은 시간까지 기나긴 점심을 먹고 있는 것인지 저녁을 먹기 전에 식전주와 차를 즐기고 있던 것인지 궁금증이 생겼다. 내가 호세와 함께 소를 키우고 있는 목장에 갔다가 다시 7시 반쯤 돌아왔을 때 이 자리들이 대부분 비어 있었다는 걸 생각해 보면, 그래, 그들은 5시 반까지 점심을 먹고 있었던 것이 분명하다. 이렇게 늦게까지 점심을 먹는 사람은 이 세상에 한 종족밖에 없다. 확실히 스페인 사람들이다.

호세는 나와 내 친구들을 반갑게 맞았다. 나는 호세에게 당신이 기르

는 소를 친구들에게 보여주고 싶다고 이야기했다. 호세는 내 말에 기쁘게 응해주었다. 엘 카프리쵸의 마케팅을 담당하고 있는 잘생긴 청년 디에고와 함께 그의 소들이 있는 목장으로 향했다. 호세의 목장은 언제 가도 좋지만 해 질 녘에 환상적인 광경이 연출된다.

호세의 목장엔 지붕이 없다. 넓은 풀밭에 목책만 있고 소들은 그 안에서 자유롭게 지냈다. 20년은 더 된 것 같은 호세의 SUV를 타고 그의 목장 입구로 향했다. 보데가 엘 카프리쵸에서 불과 10분 거리였다. 목책을 따라 차를 타고 가면 입구와 비슷한 곳이 나왔다. 입구라고 해봤자 목책에 경첩을 달아놓은 정도였다. 물론 거기까지 가는 길은 비포장도로이고 차는 심하게 덜컹거렸으며 차가 이렇게까지 기울어지면 쓰러지는 게 아닌가, 하는 구간도 있었지만 호세는 익숙하게 차를 몰았다.

호세는 차에서 내릴 때 소들이 놀라지 않게 조심히 내리라고 했다. 호세의 고물 SUV의 배기음 소리로 이미 소들은 충분히 놀랐을 것 같았지만 조심히 내렸다. 조용히 목책 쪽으로 다가섰다. 호세의 소들은 우리를 의식하고 있었다. 고개를 들고 우리를 쳐다보았다. 무엇보다 어마어마한 크기에 압도당했다. 700kg의 아담한 몸무게에 뿔도 자그마하고 귀여운(?) 누렁이만 보다가 1t이 훌쩍 넘는 소를 보니 말문이 막혔다. 하얀 친구, 크림색 친구, 검은 빛이 많이 나는 친구들도 있었다. 영어가 능숙한 디에고는 나에게 각 소의 품종에 관해 설명해주었다. 저 소의 원산지가 어디이고 어디에서 왔으며 육질의 특성은 어떤지를 자랑스러운 얼굴로 설명했다.

"저 녀석은 '바로사Barrosã' 품종입니다. 포르투갈 북쪽에서 온 녀석이죠. 지방이 많고 맛있는 녀석이에요. 뿔은 어마어마하게 크지만 실제로는 순해요. 그리고 이 녀석은 '미뇨타Minhota'라는 품종인데 역시 포르투갈에서 온 친구예요. 저기 있는 친구들은 스페인 북쪽에서 왔어요. 재는 '아스투리아나 델 로스 바예스Asturiana de los Valles'예요. 아스투리아스엔 산이 많아서 계곡도 많아요. 저 품종은 주로 계곡 쪽에서 사는 품종입니다. 그리고 그 바로 옆에 있는 녀석도 아스투리아스에서 왔는데 품종명은 '아스투리아스 데 라 몬타냐Asturiana de la Montaña'예요. 높은 산에서 주로 기르는 품종이죠. 우리 목장은 이베리아반도에서 자생하던 고대 품종을 모아서 키웁니다. 그게 우리의 사명이라고 생각해요. 품종마다 특성이 달라서 다르게 관리해야 하고 도축 시기도 달라요. 최고의 맛을 낼 수 있을 때 도축하고 숙성합니다. 아, 현재 우리 목장에서는 180마리 정도의 소를 기르고 있습니다."

목책 문을 열고 차를 타고 목장 안으로 들어갔다. 그리고 목장 안에 있는 또 다른 내부의 목책 문을 열고 더 깊이 들어갔더니 더 넓은 대지에 더 많은 소들이 풀을 뜯고 있다. 우리는 천천히 소들 옆을 지나갔다. 야생성이 살아 있는 소들은 우리를 경계하는 듯했지만 공격할 의사는 없어 보였다. 키는 2m(어쩌면 더 클지도 모른다)에 육박하고 몸무게는 1.5t이었다. 한쪽 뿔의 길이는 어른 팔보다 길며, M16 장착 장검처럼 뾰족했다. 단 두 마리만 차에 덤벼들어도 차가 박살 날 것이 분명했다. 우리는 목장 한가운데에 차를 세우고 조용히 소 옆으로 걸어갔다.

호세는 한 녀석에게 다가가 귀에다 대고 뭔가를 소곤댔다. 나는 그 녀석의 어마어마한 사이즈에 압도되어 가까이 다가갈 수도 없었다. 큰 녀석이 머리를 한 번 휙 돌리기만 해도 큰일이 생길 것 같았다. 그러나 소는 껌벅껌벅 호세의 이야기를 듣는다. 고개를 끄덕이는 것 같기도 하다.

호세는 소의 머리와 뿔을 어루만지더니 웃으며 나에게 다가왔다. 그리곤 동네 아저씨 소식 전하듯 툭 내뱉었다.

"좀 덥대."

호세는 목장 풀밭에 쪼그리고 앉아 나에게 눈짓했다. 용기를 내어 다가갔다. 호세가 풀을 뜯어 냄새를 맡더니 내게 건넸다. 풀의 키가 작았지만 분명히 라벤더 풀이었다. 키가 작아 프랑스 프로방스에서 봤던 라벤더와는 사뭇 다르게 느껴졌다.

"이게 이 동네에서 자라는 허브 중 하나요."

호세는 목장 풀밭 군데군데를 손가락으로 가리켰다.

"우리 목장에는 이런 허브가 굉장히 많소. 계절이 바뀌면 다른 허브가 자라고, 소들은 이 허브를 뜯어 먹지. 오늘 저녁 식사에서 알게 되겠지만 우리 소의 지방에선 허브향이 느껴집니다. 확실히 느껴져요. 이게 떼루아지! 가축들에게도 떼루아가 있는 거요."

"셰프, 오늘 저녁에 먹게 되는 건 몇 년 된 소인가요?"

"두 가지가 있어요. 하나는 9년 조금 더 된 거고, 다른 하나는 11년 정도 된 거요. 품종도 다르고 맛도 분명히 다를 겁니다."

그는 품종에 관한 설명을 해주려고 하는 것 같았지만 통역을 해주는 뻬드로 아저씨는 소와 셀카를 찍기 바빴다. 호세와 영어로 긴 이야기로 나누기도 쉽지 않았다. 우리가 조용히 걷는 동안 서서히 어둠이 다가오고 있었다.

천천히 오래 기른 맛의 성지 '엘 카프리쵸'

우리는 보데가 엘 카프리쵸로 돌아왔다. 해가 뉘엿뉘엿 지고 있었고 배가 고팠다. 입구 바로 옆의 주방에는 커다란 2단 그릴이 있었다. 잠깐 그 앞에 서서 주방을 들여다봤다. 어마어마하게 큰 티본 컷이 주방 작업대 위에 올라와 있었다. 한쪽에선 칼과 도끼로 고기를 자르는 중이었고, 아직 그릴의 불은 지피지 않은 듯했다. 계단으로 한 층 내려가니 사방이 돌에 둘러싸인 긴 통로 같은 공간이 나왔다. 갑작스레 어두운 공간에 들어선 탓에 앞이 잘 보이지 않았다. 어두운 공간을 천천히 걸었다. 우리를 안내하던 디에고가 이곳은 원래 호세 고르돈 집안의 와인 저장고였다고 설명했다. 이 레스토랑의 이름이 '보데가 엘 카프리쵸'인 이유기도 했다. '보데가Bodega'는 와인 저장고를 의미한다. 엘 카프리쵸로 오면서 보았던 기묘한 형상의 움막 동굴들이 말하자면 전부 '보데가'다.

어둠 속에서 통로를 조금 더 걸으니 시야가 밝아졌다. 통로 양쪽 벽에 테이블이 놓인 푹 파인 공간이 연속적으로 마련되어 있었다. 와인을 보관했을 공간이 테이블 사이를 완벽히 분리해주는 역할을 해주었다. 테이블 위에는 손님을 기다리는 식기들이 빛을 내고 있었으며, 작은 등이 테이블을 비추었다. 걸어 들어가면 갈수록 온도가 더 내려갔다. 방문했을 때가 여름이었는데도 서늘했다. 신비로운 느낌이 들었다. 우리는 그

신비로움 속으로 더 깊이 들어갔다.

40m나 되는 통로가 끝날 때쯤에 우측에 계단이 나왔다. 디에고는 이 위로 올라가면 호세가 소장 중인 와인 저장소가 있다고 했다. 그곳은 환상이 펼쳐지는 공간이었다. 테이블이 놓여 있던 공간보다 밝았고 100년은 된 듯한 인테리어가 돋보였다. 먼지와 거미줄은 의도적으로 청소하지 않은 것으로 보였다. 무려 8,000병의 와인을 보관 중이었다. 온도는 인위적인 조정 없이 1년 365일 시원한 상태로 유지된다. 호세의 와인 컬렉션을 넋 놓고 구경하고 있는데 나보다 반 층을 더 올라간 뻬드로 아저씨의 격앙된 목소리가 들렸다.

"문 교수님, 어서 이리로 좀 와보세요!"

뻬드로 아저씨의 목소리에서 스펙타클한 무언가가 나를 기다리고 있을 것이라 확신했다. 반 층을 올라갔더니 텅 빈 공간에 커다란 돔이 올려져 있었다. 나는 돔의 중앙에 서보았다. 공간이 비현실적으로 느껴졌다. 돔의 차갑고 축축한 공기가 나를 감쌀 때, 엘 카프리쵸의 직원이 내 손에 '모에 샹동'을 한 잔 따라 쥐여주었다. 잔 속에서 보글보글 솟아오르는 거품과 내 자아가 살짝 혼동될 때쯤 뻬드로 아저씨의 목소리가 다시 나의 감상을 파고들었다.

"오! 문 교수님, 이 쎄씨나 좀 보세요."

검붉은 루비처럼 빛나는 호세의 쎄씨나가 접시 위에 올려져 있었다. 장 셰프는 한쪽에서 쎄씨나의 빛나는 검붉은 색을 카메라에 담기 위해 애썼다. 돔이 어두워서 카메라로 그 빛깔을 담기가 쉽지 않은 모

양이었다.

쎄씨나는 스페인 북부 지역에서 먹는 소고기 숙성 햄이다. 소고기로 하몬을 만든 셈이다. 그러면 그렇지. 돼지고기를 맛있게 먹기 위해 염장 숙성을 하는 스페인 사람들이 소고기를 가만히 내버려 둘 리가 없지. 좋은 품질의 하몬을 만들려면 데에사Dehesa라 불리는 관목림 지역에서 방목해 기른 이베리코 돼지가 필요하다. 이 지역에는 데에사가 없는 반면, 초원에서 소를 많이 기르기 때문에 소고기를 염장 숙성한 쎄씨나를 즐겨 먹는다. 이베리코 하몬과 맛의 방향성도 다르다. 추측건대 한국 사람들은 하몬보다 쎄씨나를 훨씬 더 맛있게 먹을 것이다. '입에 넣으니 녹아서 사라져버렸다'라는 관용어구는 어쩌면 쎄씨나를 두고 한 표현일지도 모른다. 호세 아저씨의 쎄씨나는 더 특별하다. 무슨 맛이냐면 검붉은 루비빛 촉촉하고 부드러운 레어 스테이크를 습자지만큼 얇게 저며서 입 안에 넣은 맛. 감칠맛이 폭발하는 맛.

비현실적인 돔에서 비현실적인 전식을 마친 후 우리는 다시 지하의 독립된 룸으로 들어갔다. 사방이 돌로 둘러싸인 방에서 와인과 함께 다른 음식을 조금씩 먹으며 이야기를 나눴다. 소 우둔살로 구운 스페인식 로스트비프, 얇게 저민 소고기와 매운 칠리산 고추를 마늘과 함께 먹는 카르파쵸, 오레가노를 곁들인 토마토를 순서대로 먹었다. 그때 우리 테이블 담당 직원이 오늘 우리가 먹게 될 9년 된 소와 11년 된 소의 스테이크 부위를 가지고 와서 보여줬다. 흔히들 아는 마블링이 촘촘히 박힌 소고기의 모습이 아니었다. 오래 기른 소라 부위별 크기도 컸다. 직원은 우리에게 선보인 고기를 가지고 나갔고, 우리는 떠나가는 연인의 뒷모습을 바라보듯 짧은 탄식을 내뱉었다. 다시 만날 날을 기약하며 와인잔을 들었다. 두 번째 리오하 와인 한 병을 다 비울 때(1시간이 채 지나지 않았다)쯤, 호세가 직원들과 함께 9년 된 소로 구운 스테이크를 가지고 들어왔다.

뼈에 고기가 붙어 있는 큰 덩어리의 티본이었다. 지방이 많이 붙은 갈비 부위도 함께 서빙되었다. 호세가 직접 고기를 잘라주었다. 지방을 먼저 잘라내고, 고기 부위를 잘랐다. 큰 덩어리의 스테이크를 부위별로 맛볼 수 있도록 적당한 크기로 잘라내 접시에 놓아줬다. 물론 처음에 잘라낸 지방 부위도 접시에 올라왔다. 일반적인 스테이크 하우스라면 지방 부위는 쓰레기통으로 들어갔을 것이다. 그러나 호세는 접시를 내 앞에 놓으며 지방 부위부터 먹기를 권했다.

"니네는 소의 지방 덩어리를 안 먹는 거 알아. 2~3년 기른 소의 지방은 열을 가하면 금방 녹아버리지. 하지만 오래 기른 소의 지방은 달라. 식감이 존재한다고. 소의 지방에는 향이 응축되어 있어. 그 소가 뭘 먹고 자랐는지는 그 지방을 먹으면 알게 돼."

호세는 자신감에 넘쳐 말했다. 그래도 소의 지방부터 먹으라니.

실은 호세는 고기를 어느 정도로 구울 것인지도 묻지 않았다. 우리에게만 '주는 대로 먹어'인 건지, 원래 손님들에게 굽기의 정도를 묻지 않고 '호세의 방식으로, 호세가 원하는 정도로' 고기를 구워 내놓는지는 여전히 잘 모르겠다.

"여기 혹시 그냥 막 구워서 대강 내주는 그런 식당 아니야? 굽기 정도를 원래 안 물어?"

언제나 불평이 많은 까를로스가 와인잔의 스템을 꽉 쥔 채 투덜거렸다.

"까를로스, 호세는 세계 최고야. 믿어도 돼."

"미디엄 레어 이상으로 나오기만 해. 도로 물릴 거야."

"호세를 좀 믿어, 까를로스."

먹는 것에 강한 집착을 보이는 까를로스는 실눈으로 고기를 써는 호세를 노려보았다. 호세가 자른 고기의 색을 보니, 확실히 레어였다. 나는 레어를 좋아한다. 그러나 스테이크 하우스에 갈 땐 레어를 먹고 싶어도 '미디엄 레어'를 주문할 때가 많다. 스테이크를 레어로 제대로 구워내는 데가 생각보다 드물기 때문이다. 레어를 주문했다가 속이 아예 차가운 생고기가 나오거나, 가끔은 중간 부위는 레어면서 바깥으로 갈수록 미디엄 레어로, 또 미디엄으로, 그리고 가장 바깥은 미디엄 웰던이었던 적도 있었다. 그런 실패를 피하고자 평소엔 무난한 미디엄 레어를 주문했다. 그러나 엘 카프리쵸에 왔다면 그냥 호세에게 맡겨라. 그를 믿으면 된다.

두터운 지방을 포크로 쿡 찍어서 입에 넣고 씹었다. 호세의 말처럼 식감이 느껴졌고 육향이 흘러넘쳤다. 평소 같으면 먹지 않고 접시 한쪽에 쌓아둔 지방에서 이런 식감과 향을 느낄 수 있다니! 이어서 고기 부위를 입에 넣었다. 여태껏 먹어본 어떤 스테이크보다 강한 육향이 올라왔다. 다소 낯선 육향이기도 했다. 천천히 오래 기른 맛의 정체를 알게 된 순간이었다. 우리는 싸게, 많이 먹기 위해 빨리 자라는 소를 더 빨리 자라게 해서 육향이 생기기도 전에 도축해 먹었던 것이다. 내가 넷플릭스에서 봤던 다큐멘터리에서 엘 카피리쵸를 세계 최고의 스테이크 하우스로 꼽은 것에 그 어떤 의심이나 의문도 품을 수 없었다.

이어서 두 번째 스테이크가 들어왔다. 포르투갈 원산 미란데사Mirandesa 품종의 11년 된 소에서 얻은 고기를 120일이나 드라이에이징Dry-aging한 스테이크였다. 호세는 모든 스테이크를 적어도 두 달 이상 드라이에이징 방식으로 숙성한다. 드라이에이징을 하면 스테이크에서 꼬릿한과 치즈 향이 난다고들 생각하는데, 호세의 스테이크엔 그런 향이 없다. 소고기 본연의 진한 육향만 느껴질 뿐이다. 호세는 근육 내 지방인 마블링이 많은 것보다 어떤 지방을 가졌는지가 더 중요하다고 했다. 숙성을 통해 특성을 끌어올릴 수 있다는 말도 덧붙였다. 두 번째 스테이크와 첫 번째 스테이크 사이엔 공통점이 있었다. 너무나 자연스러운 대지의 향이 났다. 레온 땅의 향, 즉 레온의 떼루아가 느껴졌다. 만족스러운 스테이크였다. 나는 최고에 쉽게 만족한다. 그리고 내 옆에는 10분째 아무 말 없이 호세의 스테이크를 흡입하고 있는 까를로스가 앉아 있다. 그의 입으로 들어가는 것은 고기, 그의 입에서 나오는 것은 감동의 탄식과 전율이다. 몸까지 부르르르 떨고 있는 듯했다. 까를로스는 모두가 식사를 마치는 순간까지도 혼자 앉아 호세의 스테이크를 먹었다.

"환상이었어! 최고였지!"

엘 카프리쵸를 다녀온 지 1년이 훌쩍 지난 시점에도 까를로스의 반응은 한결같았다. 휴대폰 너머로 들리는 목소리만으로도 호세의 스테이크를 향한 까를로스의 애정을 느낄 수 있었다.

"일단 나는 드라이에이징의 감흥이 별로 없거든? 맛이 왔다 갔다 하잖아. 그런데 아마 최고의 소고기를 정말 제대로 제대로 드라이에이징을 하면 그런 맛이 날 것 같아. 육향을 극대화한 그런 맛? 육즙을 충분히 가지고 있고 농축된 그런 느낌!"

"에…… 까를로스. 엘 카프리쵸에서 먹은 고기가 바로 드라이에이징한 고기였어. 천천히 오래 기른 소고기를 또 천천히 오래 드라이에이징한 거."

당시의 미각 기억에 이미 강하게 휘감겨 버린 까를로스는 듣는 둥 마는 둥 자신의 기억을 계속 쏟아냈다.

"그랬어? 아무튼 모든 것이 농축된 맛이었어. 나는 마블링이 너무 많아서 너무 부드러운 고기는 또 별로거든. 그리고 질긴 고기도 싫어. 그런데 호세의 스테이크는 가장 적절한 식감을 갖고 있었어. 슬로우비디오로 그 스테이크를 씹을 때 타다다닥 부서지는 그 조직감을 찍으면 진짜 멋있을 것 같은데!"

그래. 적당히 단단한 조직감이 주는 매력이 있다. 흔히 '씹는 맛'이라고 하는 그 식감. 그 식감이 완벽히 구현되었던 것이 호세의 스테이크였다.

보데가 엘 카프리쵸의 셰프 호세 고르돈은 고객에게 '오래 천천히 기른 맛'을 제공한다. 불호의 요인을 제거하기 위해 품종별로 소를 다르게 기르고 숙성시킨다. 고르돈 가문은 4대째 소 농장을, 2대째 식당을 운영하고 있으며 이 식당은 세계에서 가장 훌륭한 스테이크를 제공하는 곳이다.

2020년 1월, 호세는 셰프 친구들과 한국을 방문했다. 내가 보데가 엘 카프리쵸에 세 번이나 방문해 폭발적인 애정을 표현한 까닭이 컸다. 호세는 한국과 한국 음식에 관심을 가지게 되었다. 그 호기심을 해결하기 위해, 한국어 통역을 해줄 뻬드로 아저씨와 한국을 방문했다.

한국에 온 호세에게 아산의 '아침목장'을 소개해주었다. 아침목장은 한우와 우리나라의 또 다른 재래소인 칡소를 기르는 곳이었다. 호세는 한국의 대표적인 재래 품종소인 누렁이 한우와 칡소를 맘껏 구경하고, 아침목장이 운영하는 정육식당에서 한국 숯불 방식으로 구워 먹었다. 서울에서 한우 스테이크를 가장 맛있게 한다고 생각하는 레스토랑에 호세를 데리고 가기도 했다. 호세는 한우에 대해 이렇게 말했다.

"한우는 전 세계에서 가장 맛있는 품종의 소 중 하나가 분명해. 제대로 한번 길러 보고 싶어."

농부답다. 그러나 한우는 국외 반출이 안 된다. 불법이다. 아, 참고로 호세는 내 단골 식당을 좋아했다. 목포 '미락'의 꽃게살 비빔밥과 '명인집'의 홍어를 먹었을 때가 가장 즐거웠다고. 다만 막걸리는 취향이 아니라나.

천천히 오래 기른 맛을 기억하며

2020년 9월, 울릉도 출장의 목적은 '꿀'이었다. 울릉도는 다른 곳에 비해 매우 제한적인 지역이며 고립되어 있다. 특유의 밀원식물들부터 벌들이 채집하는 꿀의 특성이 무엇인지, 어떤 차별점과 시장성이 있는지를 확인해보는 것이 주된 목표였다. 내 울릉도 '꿀' 출장에는 세 명의 친구들이 동행했는데, 공교롭게도 이들 모두 2019년에 스페인 시골 여행을 함께했던 친구들이었다.

보통 꿀농사를 짓는 분들은 꽃이 많이 피는 (꿀이 많은) 주요 나무 군락지 근처, 예컨대 아까시나무나 밤나무 근처에 벌통을 놓기 마련이다. 울릉도에는 그런 큰 나무 군락지가 없다. 대신 산을 뒤덮고 있는 산야초(허브)라고 불리는 풀들의 작은 꽃들이 주요 밀원이 된다. 칡, 울릉국화, 물엉겅퀴, 명이, 호박, 부지깽이(쑥부쟁이) 등에서 피어나는 작은 꽃들이 주요 밀원이 된다. 울릉도 꿀의 맛과 향은 다른 지역과는 차이가 날 수밖에 없다.

울릉도 출장을 계획할 당시, 짬이 나면 '울릉도 약藥소'를 조사해보자고 다짐했다. 울릉도의 소를 '약소'라고 부르는 이유가 먹이의 차이에서 출발한다는 이야기를 듣게 되었기 때문이다. 육지와 거리가 먼 탓에 사료 수급이 원활하지 않은 지리적 특성과 산에 분포하고 있는 산야초를

소의 먹이로 썼던 울릉도 사람들의 오랜 문화가 울릉도의 소를 다르게 만들었다. 울릉도 주민들의 말에 따르면 울릉도 산에 자생하고 있는 산야초의 80%(까지는 좀 과장인 것 같기도 하고)가 약초라고 한다. 그래서 울릉도 '약소'라 불린다.

울릉도엔 350여 마리의 소가 있다. 이 중 150여 마리는 누렁이 한우고, 나머지는 얼룩이 칡소다. 이 350마리 모두 '울릉도 약소'로 불린다. 섬 내에 도축장도 있어서 한 달에 두세 마리를 도축한다. 도축할 때 '우리 정육식당에서는 몇 월 며칠에 이런 소를 도축합니다'라는 플래카드를 붙인다. 주민들은 그 플래카드를 보고 식당으로 가서 섬에서 잡은 소를 나누어 먹는 문화를 가지고 있다.

우리가 플래카드를 보고 찾아간 정육식당 '호랑약소 플라자'에는 칡소고기가 있었다. 도축한 지 2주쯤 지난 고기와 도축한 지 사흘이 막 지난 고기가 남아 있었다. 울릉도 출장에 동행했던 표현왕 까를로스의 말을 빌려야겠다.

"음식이 적당히 맛있으면 표정이 다들 밝아지면서 '와~' 하잖아? 그런데 이건 너무 충격적으로 맛있으니까, 순간적으로 심각한 표정을 지으면서 '후워, 씨, 이게 뭐야!' 하게 되는 거야."

울릉도 약소의 짙은 육향이 입안을 감쌌다. 어느 누구도 부정할 수 없는 깊고 진한 맛이었다. 지방에서 풍부한 아로마의 향이 올라왔다. 울릉도 약소를 흡입하며 우리는 '보데가 엘 카프리쵸'에서 먹었던 그 맛을 떠올렸다.

"이 소 오래 기르셨죠? 오래 기른 맛이 납니다."

"맞습니다. 둘 다 50개월이 다 된 칡소 암소입니다."

정육식당의 사장님이자 소를 기른 생산자님께 묻자, 울릉도 사투리로 답변이 돌아왔다. 이 독특한 아로마의 근원이 궁금했던 나는 농장을 볼 수 있을지 여쭈었고 흔쾌히 허락해주셨다.

다음 날, 그분의 농장(아마 이 세상에서 가장 멋진 풍경을 가진 축사)에서 70여 마리의 칡소가 '울릉도의 떼루아'를 흠뻑 담고 있음을 확인했다. 울릉도 산에서 자생하는 부지깽이, 칡을 비롯한 다양한 산야초를 소들이 먹기 좋게 자르고 처리한 후, 육지에서 건너온 곡물 사료와 배합해 소에게 먹였다. 울릉도 모든 농가의 소들이 동일한 사료를 먹는다.

우리는 사료를 생산하는 울릉도 사료 공장으로 향했다. 도착하고 나서 보니, 우리가 아는 그런 사료 공장이 아니다. 냄새부터가 다르다. 울릉도 주민들이 산에서 채집한 부지깽이, 칡 등을 비롯한 다양한 산야초를 군청에서 지역 주민들로부터 수매해서 배합 사료를 만들었다.

표현왕 까를로스 아저씨의 표현을 또 들어 보자.

"아니, 부지깽이의 향이 정말 너무 좋은 거야. 이렇게 향기로운지 몰랐어. 사료용으로 쌓아 놓은 부지깽이를 한 움큼 집어서 먹을 뻔했잖아."

울릉도 특유의 떼루아(정말 안타까우나, 이 단어를 대체할 수 있는 우리말 단어를 나는 아직 찾지 못했다)가 울릉도 약소의 지방에 향긋하게 녹아 있다.

품종적 특성+천천히 오래 기른 맛+떼루아의 향+숙성 기술=소고기의 정석

내 머릿속에 이 공식이 들어앉았다.

아, 참고로 울릉도에서의 사진은 내가 찍었다. 이 책을 관통하고 있는 장준우 셰프의 아름다운 사진에 누를 끼치지 않기 위해 그 사실을 밝힌다.

◇ 5 ◇

엑스뜨레마두라

Extremadura

France
Asturias
Cantabría
País Vasco
Galicia
Navarra
La Rioja
Castilla y Leon
Cataluna
Aragón
Portugal
Extremadura
Castilla La Mancha
Valencia
Murcia
Andalucía
Algeria
Morocco

라 베라

"우리가 우리 제품에 불맛을 내지 않는 것은 기술이 없어서가 아닙니다. 교수님, 아시잖아요. 우리 브랜드는 화학 첨가물을 쓰지 않아요."

"인위적인 첨가물 없이도 쉽게 불맛을 낼 수 있어요. 피멘톤Pimentón을 쓰세요."

"교수님 방금 말씀드린 대로 저희가 화학 첨가물을 안 쓰기 때문에……."

"부장님, 피멘톤은 스페인에서 전통적으로 사용하는 파프리카 가루예요. 그런데 훈제를 해서요, 국물에 넣으면 스모키한 향이 납니다. 일종의 불맛이죠. 살짝 매운맛도 있고 전혀 맵지 않은 맛도 있어요. 자연 조미료 같은 거예요. 저도 집에서 가끔 사용합니다."

스페인 여행을 떠나기 몇 달 전이었다. 대한민국을 대표하는 모 식품기업의 라면 국물에 자연스러운 불맛을 내는 방법에 대한 힌트를 줄 기회가 있었다. 그런데 오히려 이 대화에 영향을 받은 건 나였다. 파프리카 가루의 생산지를 직접 방문해야겠다는 결심이 서게 되었기 때문이다. 우리는 스테이크의 성지인 히메네스 데 하무스에서 파프리카 가루의 성지인 라 베라La Vera로 향했다.

AGRIDULCE
DULCE
SWEET PAPRIKA
PIMENTON DE LA VERA
Denominación de Origen Protegida
APTO PARA VEGETARIANO
SIN GLUTEN
PICANTE
HOT PAPRIKA
PIMENTON DE LA VERA
Denominación de Origen Protegida
APTO PARA VEGETARIANO
SIN GLUTEN
PIMENTON
EL COLORIN
ESPECIAS FERNANDEZ ROMERO, S.L.

우리 집에는 빨간색 피멘톤 캔이 있다. 몇 년 전에 아스투리아스에서 뷔리 할머니의 파바다를 처음 먹어본 후에 직접 만들어 먹겠다는 강력한 의지에 불타 사둔 것이었다. 피멘톤을 활용해 서너 번 요리해 먹었는데 불맛이 장난이 아니었다. 고기를 구울 때 피멘톤을 살짝 뿌리면 스모키한 스테이크가 완성된다. 활용도가 높은 비밀 레시피를 하나 가르쳐 드리자면, 피멘톤을 라면을 끓일 때 살짝 넣어주면 불맛이 물씬 나는 짬뽕 라면이 된다.

스페인의 불맛(엄밀히는 훈제향)이 느껴지는 파프리카 가루 피멘톤의 주산지는 '라 베라'이다. 나와 장 셰프 그리고 뻬드로 아저씨는 7월 중순 오후 4시, 스페인의 뜨거운 햇볕에 익어가는 '하라이스 데 라 베라 Jaraíz de la Vera' 마을의 중심인 산 미겔 성당을 향해 걸었다. 훈제가 된다는 것은 이런 느낌이구나. 건조해서 땀도 순식간에 말라버린다. 염장 훈연 중이었달까. 피부에서 '빠지직, 빠지직' 소리가 난다. 정신이 아득해질 때쯤 뻬드로 아저씨가 입을 열었다.

"이 동네에 성당이 두 개 있어요. 서로 위아래로 마주보고 있죠. 저 아래에 있는 산 미겔 성당의 역사는 16세기까지 거슬러 올라가요. 방금 지나친 성 마리 성당에서 아래로 이어지는 좁은 골목 보이죠? 예전에는 마을 사람들이 여기서 미사를 보고 다시 아래에 있는 성당으로 걸어 내려갔다고 합니다. 좁아 보여도 예전엔 메인 스트리트였던 거죠. 이 위에 있는 성 마리 성당은 산 미겔 성당보다 좀 더 후대에 지어진 건데요……."

17세기의 라 베라의 상징인 두 성당을 이어주는 300m의 좁은 골목

을 걸으면서, 이 동네 사람들은 신에 대한 경외심을 느꼈을 것이다. 원래 경외감은 깊은 고통에서 나오는 법이다. 7월의 스페인 태양은 지나치게 뜨거웠다. 나보다 조금 앞서 카메라를 들고 걷는 장 셰프는 뭔가 혼자 중얼거리는 것 같기도 하고, 나에게 뭔가를 이야기하는 것 같기도 했는데, 어차피 헛된 짓이었다. 이 내리쬐는 햇볕에 소리조차 다 타버렸다. 그늘에 들어가서 이야기하면 간신히 전달될지도 모르겠다. 장 셰프도 이 극악한 햇볕이 어이가 없는지 이젠 웃는다.

스페인의 문화 중의 하나인 시에스타Siesta는 점심을 먹고 해가 저물 때까지 쉬거나 낮잠을 자는 것을 의미한다. 이젠 도시에선 찾아보기 힘들어진 스페인의 오랜 전통이기도 하다. 하지만 시골로 가면 여전히 시에스타가 남아 있음을 느낄 수 있다. 특히 라 베라에선 시에스타가 무엇인지, 왜 시에스타가 스페인 사람에게 중요한 것인지 (무더위에 생명의 위협을 느끼므로) 확실히 알 수 있다. 오후 4시에 라 베라 마을을 걷는 미친 사람은 우리밖에 없었다. 모든 가게는 모조리 문을 닫았고 오후 5시나 6시가 돼야 문을 열었다. 7시에서 8시 정도까지 일하곤 다시 문을 닫는다. 약국조차 문을 닫는다. 시에스타 시간엔 아파서도 안 된다. 그날 우리가 봤던 움직이는 생물이라곤 계단 난간을 뛰어오르던 고양이 한 마리, 그리고 골목 어귀에서 만나 팔짱을 끼고 골목 안으로 사라진 젊은 남녀밖에 없었다. 이 무더위에도 사랑의 힘은 위대하거나, 미쳤거나, 한국에서 왔거나 셋 중의 하나일 것이다.

라 베라는 하나의 마을이 아니라 여러 마을을 묶어 부르는 지역의 명칭이다. 해발 550m에 있는 라 베라는 총 19개의 아름다운 마을로 구성되어 있고 인구는 24,000명 남짓이다. 피멘톤을 생산하고 있는 공장이 40개, 피멘톤을 팔거나 원료를 농사짓거나 운송하는 업체만 240개다. 이 지역 대부분의 가정이 피멘톤과 연관 있다고 해도 과언이 아니다. 라 베라는 피멘톤과 살아간다.

우리는 라 베라의 마을 중 하나인 '하라이스 데 라 베라' 마을에서 훈연된 채로 나왔다. 아니, 바짝 마른 육포가 되었다는 것이 맞을까? 그리고 피멘톤의 원료가 되는 파프리카밭으로 향했다. 파프리카밭에 도착해서 차에서 내릴 땐 상당한 용기가 필요했다. 이 뜨거운 태양 아래에서 그늘조차 존재하지 않는 밭을 걷는다는 것은 먹거리에 강한 집착 없이는 불가능한 일이다. 그러나 내 집착은 강했다. 그런데 나는 차에서 내린 후 두 가지 사실에 놀랐다. 첫째, 밭이 마을보다 훨씬 시원했다. 흙과 초록 대지의 힘이여! 둘째, 피멘톤의 원료는 내가 생각했던 둥그런 파프리카가 아니라 고추였다. 우리나라 고추와 똑같이 생긴 그 고추였다. 라 베라는 스페인의 고추 마을이었다.

피멘톤

피멘톤은 스페인 고춧가루다. 즉, 고추농사와 깊은 관련이 있다. 스페인어로 피미엔토Pimiento는 피망 고추를 의미한다. 피멘톤은 피미엔토를 가루로 낸 것이다. 피미엔토를 프랑스어로는 피망Piment이라고 하며, 독일, 헝가리 등의 동유럽에서는 파프리카Paprika라고 한다. 이것이 나중에 영어로 페퍼Peper가 되었다. 스페인에서는 피미엔토 중에서 작고 매운 고추를 칠레Chile라고 하고, 미국에서는 이를 칠리Chili라고 한다. 한국에서 피망은 초록색, 파프리카는 노란색, 주황색, 빨간색을 주로 지칭한다. 위의 어원들을 보면 우리 나름대로 괴이하게 사용하는 것이다. 참고로 작고 매운 고추 칠레와 세상에서 가장 긴 국가 칠레는 어떤 연관도 없다.

피멘톤은 스페인 여러 곳에서 생산되지만, 라 베라 지역의 마을에서 생산한 피멘톤을 최고로 여긴다. 이 동네에서 생산한 피멘톤만 '라 베라 산 피멘톤Pimenton de la Vera'이라고 쓸 수 있다. 지역이 브랜드화된 것이다. 패키지에는 EU가 인증했다는 의미의 동그랗고 빨간 지리적표시제 마크가 붙어 있다. 라 베라 지역에서 생산한 고추를 사용하고 라 베라 지역 전통 방식으로 라 베라 지역에서 건조, 제조해야 피멘톤에 '라 베라'라는 명칭을 붙일 수 있다. 이런 요건을 따르지 않으면서 '라 베라'를 붙이면 어마어마한 벌금과 처벌을 받게 된다.

해발 550m의 언덕에 위치한 라 베라는 태양과 가깝다. 그런데도 산악 지형은 아니라 그늘이 생기지 않아 스페인의 뜨거운 태양의 에너지를 고추들이 쪽쪽 빨아당긴다. 북쪽엔 높은 산이, 남쪽 언덕 아래로는 낮은 계곡이 이어진다. 라 베라는 지형적으로 가을과 겨울에 강수량이 많아서 전반적으로 건조한 땅이 많은 다른 지역보다 수자원이 풍부하다. 그래서 라 베라에서 재배한 고추는 수분함량이 높다. 가을에 수확한 고추를 오랫동안 보관하려면 건조해야 한다. 우리나라는 가을과 겨울에 고추를 바깥에 내놓기만 해도 잘 마른다. 그에 반해 라 베라 지역은 가을, 겨울에 우기이므로 건조가 어렵다. 라 베라 지역 사람들에게 수확한 고추를 집 안에서 장작으로 불을 때어 건조하는 전통이 생기게 된 이유다. 가을비를 맞아 수분을 머금은 라 베라 지역의 나무를 장작으로 사용한다. 마르지 않은 장작에 불을 붙이면 나오는 연기들이 자연스럽게 고추를 훈연한다. 고추가 마르면 빻아서 가루를 만드는데, 그것이 라 베라의 피멘톤 가루다. 그런 과정 때문인지 라 베라 피멘톤에선 훈연향이 난다.

가루로 만드는 제조사론 총 40개가 있다. 이 40개의 회사는 라 베라 지역의 마을에 가공 공장을 두고 있고, 회사는 달라도 패키지는 'Pimenton de la Vera'로 동일하다. 프리미엄 고춧가루의 상징이라고 할 수 있다. 라 베라의 피멘톤에는 세 가지 맛이 존재하는데 둘쎄Dulce, 아그리둘쎄Agridulce, 삐깐떼Picante라고 표시된다. 둘쎄는 스페인어로 단맛을 의미하지만 피멘톤에서의 둘쎄는 맵지 않다는 의미를 가진다. 아그리둘쎄는 새콤한 맛, 삐깐떼는 매운맛이다. 이 맛의 차이는 고추 품종의 차이에서 온다. 맛은 달라도 모두 훈연향이 깔려 있으며, 둘쎄에서 훈연향이 가장 강했다. 요리를 하다가 라 베라 피멘톤을 한두 순갈 넣으면 어렵지 않게 불맛을 낼 수 있다. 스페인의 소시지 쵸리소에서 나는 훈연향이 바로 이 피멘톤에서 온 것이다.

우리는 라 베라 피멘톤 회사 중 가장 잘나가고 유서가 깊은 라 달리아La Dalia를 찾아갔다. 라 달리아는 1913년에 창업한 이후 100년 동안, 3대에 걸쳐 피멘톤을 생산했다. 공장의 고추 집하장에 들어갔더니 우리나라 방앗간에서 맡을 수 있는 고추향이 확 났다. '그래, 피멘톤은 고춧가루가 맞네'라는 생각이 들 때쯤, 그곳의 3대 사장인 알바로 에르난데스 씨가 지난해 수매해서 말린 고추를 보여주었다. 세상에! 영락없는 우리나라 건고추였다. 에르난데스 씨는 이 건고추를 쪼깨고 손으로 비비기를 권했다. 비빈 후 냄새를 맡아봤더니 강한 훈연향이 올라왔다.

"한국에서는 고추를 햇볕으로 말리지? 우리는 참나무와 떡갈나무로 훈연해 말려."

"얼마나 말려요?"

"최대 2주까지 해. 이거 훈연할 때는 잠도 제대로 못 자. 고추에 향이 골고루 배게 계속 뒤집어 줘야 하거든. 그래서 예전에는 고추 훈연해서 말리는 기간에는 축제를 열었지. 못 자게 하려고 그랬던 거야. 놀다가 고추 뒤집고, 또 놀다가 고추 뒤집고."

세상에서 고추를 가장 사랑하는 나라가 한국이라곤 하지만, 스페인 고추의 역사도 길고 굵다. 고추는 남아메리카에서 넘어 온 식물이다. 남아메리카를 개척한 나라가 스페인이다. 한국 고추의 유래로는 두 가지 가설이 있다. 첫째는 스페인과 포르투갈을 거쳐 임진왜란 때 일본을 통해 들어왔다는 것이고, 둘째는 고추가 원래 동북아에 자생하던 식물이었다는 설이다. 일단 이 논의는 넘어가기로 하자. 스페인의 고추 역사는 대항해시대로 거슬러 올라간다. 1493년 콜럼버스가 페루에서 고추를 가지고 스페인으로 온 것이다. 그 고추의 첫 재배지가 바로 라 베라 인근 지역이었다. 그렇게 스페인에서 재배되기 시작한 고추는 16세기까지는 주로 수도원의 수도승들이 재배해서 먹던 향신료였다. 그러다 스페인 왕 까를로스 5세가 고추를 맛보고, 왜 니네만 맛있는 거 먹냐, 국민들도 먹게 하자고 주장하며 스페인 전역으로 퍼졌다. 그리하여 스페인은 유

PIMENTÓN
LA DALIA
PIMENTÓN
LA DALIA

럽 제일의 고추 나라가 되었다. 이때 남미에서 라 베라 마을로 건너온 작물이 하나 더 있었으니, 바로 담배였다. 앞서 이야기한 대로 스페인에서 생산되는 담배의 90%는 라 베라 지역산이다.

에르난데스 씨는 건고추를 고춧가루로 만드는 시설로 나를 데리고 갔다. 자동화 시설이 갖추어져 있었다. 자세히 살펴보니 기계 안쪽이 맷돌이었다. 맷돌로 건고추를 갈아 가루로 만들었다. 한국과 차이가 있다면, 우리는 고춧가루의 입자를 굵게 만들어 사용하지만 스페인에서는 맷돌로 4~5회를 매우 곱게 갈아 밀가루처럼 만든다.

"너덧 번 갈면 입자만큼 색깔도 좋아지지. 고추를 맷돌에 갈면 마찰로 열이 생기거든. 우리는 고추를 갈 때 고추씨까지 갈아. 고추씨가 열을 받으면 기름이 살짝씩 나와. 이 기름이 고추의 빨간색과 반응해서 색이 더 밝아지고 좋아지는 거지. 음식이란 맛도 좋아야 하지만 보기에도 좋아야 해. 피멘톤은 색을 내는 역할도 하거든. 맛만큼이나 색이 예쁜 피멘톤이 좋은 피멘톤이라고 할 수 있지."

라 베라식 가스파초

라 베라엔 피멘톤을 활용한 음식이 많다. 횡성에 가면 횡성 한우를, 이천에 가면 이천 쌀을 먹어봐야 하는 것처럼 라 베라에 가면 피멘톤을 활용한 음식을 먹는 것이 좋다. 그러나 피멘톤은 주인공이 아니다. 향신료로서 원재료를 보조하는 역할을 할 뿐이다. '우리 레스토랑에선 순도 100%의 피멘톤 가루를 조합하여 피멘톤 바를 만들었습니다. 식사 대용으로 딱이죠! 배고플 때 한 입씩……'은 불가능하다. 문어숙회나 피자, 삼겹살 위에 뿌려먹어도 좋다. 그럼 불맛 삼겹살이 될 것이다. 파바다처럼 국물을 낼 때 사용될 수도 있다. 주인공은 아니지만 존재감 있는 조연이 피멘톤이다. 특유의 맛과 향이 음식 맛의 방향을 바꿔준다.

우리는 피멘톤의 고장 라 베라에서 피멘톤이 어떻게 쓰이는지 보기 위해 레스토랑에 들렀다. 이 지역의 Alcor del Roble이라는 호텔의 작은 레스토랑이었는데, 반쯤 익어버린 몸에서 열기를 빼내기 적합한 고풍스럽고 아름다운 정원이 호텔 내부에 있었다. 주문한 음식 중 하몬이 제일 먼저 나왔고, 이어서 가스파초Gaspacho가 나왔다. 스페인 남부에서는 무더운 여름날에 차가운 토마토수프 가스파초를 즐긴다. 그런데 이 레스토랑의 가스파초는 맛이 묘하게 달랐다. 단맛이 돌았고 색도 달랐다. 핏빛이 도는 가스파쵸이지 않은가!

레시피가 궁금해 사장님에게 슬쩍 물어봤더니, 체리와 라 베라 피멘톤 가루를 가지고 와서 보여주었다. 토마토와 세리Sherry 식초, 파프리카, 소금을 넣어 오리지널 가스파쵸를 만들고, 거기에 체리와 피멘톤을 추가해 갈아 만든 것이 '라 베라식' 가스파쵸다. 여기에 삶은 새우를 하나 올리니 독특하고 지역색 넘치는 음식으로 완성됐다. 메인 디쉬로 나온 돼지 안심 스테이크에도 곱게 갈아낸 피멘톤 가루가 뿌려져 있었다. 구운 감자 위에는 말린 피멘톤 고추를 마치 우리나라 고춧가루와 비슷한 굵은 입자의 형태로 빻아서 소스와 함께 뿌려 놓았다. 우리나라 고춧가루처럼 맵지는 않았지만, 스페인의 한 가운데에서 한식을 만난 듯 반가웠다. 한식 세계화라고 우겨볼까?

E-90번 고속도로

엑스뜨레마두라Extremadura주의 최북단 라 베라에서 E-90번 고속도로를 타고 내려가면 메리다Mérida로 연결된다. 역사에 관심이 있는 사람이라면 한 번쯤 메리다에 들러볼 만한 가치가 있다. 인구 6만 명의 도시 메리다는 북아프리카 무어인들이 이베리아반도를 점령하기 전에 로마가 건설한 가장 오래된 도시 중 하나이다. 기원전 로마는 이베리아반도를 점령해 세 구역으로 크게 나누어 통치했다. 그리고 현대 포르투갈과 스페인 일부를 포함하고 있는 중서부를 루시타니아Lusitania라고 불렀다. 이 루시타니아의 주도가 '메리다'이다.

잘 알려지지 않았지만 메리다에는 상당한 유적이 제대로 보존되어 있다. 로마 시대 극장, 검투사들이 싸우던 원형 경기장, 전차 경기장, 그리스의 영향을 받은 그리스풍의 로마 신전 등이 있다. 그러나 시골의 정취를 느끼기엔 큰 도시고, 신전을 먹을 수도 없기에 우리는 그대로 지나쳐 내려가기로 했다. (실은 이 근처를 종종 지나다녔는데 매번 같은 이유로 지나쳤다. 신전은 어떻게 해도 못 먹어.)

E-90번 고속도로를 타고 내려오면 시골 정취를 느낄 수 있는 작은 마을들이 나온다. 전체 인구 9,000명의 뜨루히요Trujillo는 아름다운 중세 마

을로 다양하고 맛있는 전통 음식과 치즈, 와인으로 유명하니 요기를 하고 가는 것도 좋다. 겨울엔 닭을 푹 고아 만든 지역 음식 '주교의 수프Sopa del Obispo'를 꼭 맛보아야 한다.

메리다를 향해 조금 더 내려오면 고속도로 좌측에 Bodegas Habla라는 와인 양조장이 나온다. 스페인어로 Habla는 '말, 언어'를 뜻한다. 이 양조장에서는 'Habla la Tierra대지가 말하다'라는 레드 와인부터 화이트 와인 'Habla la Mar바다가 말하다', 고급 와인 'Habla del Silencio침묵을 말하다'라는 묘한 와인들을 생산한다. 별도로 독특한 프로젝트 와인을 비정기적으로 출시하기도 한다. 그런 경우엔 No.1, No.2, No.3 등의 숫자로 표기한다. 현재는 No.22까지 출시되었다. 각 번호는 한정 수량으로만 생산하고, 판매가 끝나면 재생산하지 않는다. 아니, 원료가 없으니 생산할 수가 없다. 명작이라고 알려진 2005년 시라 품종의 포도로 만든 No.3는 시중에서 구하기 힘들뿐더러 병당 가격이 50만 원을 호가한다. 와인 한 병에 1,000~2,000원 정도인 스페인에서 50만 원이 넘는 와인이라니! 이 와이너리는 이야기를 잘하면 방문을 허용해주고 테이스팅도 가능하다. 엑스뜨레마두라 최고의 와인을 경험하고 싶다면 이곳으로!

조금 더 남쪽으로 내려오면 '산타 크루즈 데 라 시에라Santa Cruz de la Sierra'라는 작은 마을이 나타난다. 볼리비아에도 같은 지명이 있지만, 그곳은 큰 도시다. 스페인의 산타 크루즈 데 라 시에라는 아주 작고 오래된 마을이다. 이 마을엔 선사시대 고트족의 흔적부터 중세시대 건축물까지 남아 있다. 마을에는 악령을 쫓아내는 오랜 의식이 축제로 남아, 9월이면 작은 집을 세 채 지어서 불을 지른다. 안타깝게도 이 마을에는 들릴 시간이 없어서 멀리서만 바라보았다. 미스터리한 산타 크루스에 첫발을 디딜 한국인은 누구일까?

REPSOL
ATENCION
A MAS VELOCIDAD
SEMAFORO ROJO

PASO
SOBREELEVADO

데에사

스페인의 지도를 펼쳐 놓고 곰곰이 살펴보자. 스페인의 북쪽 끝 아스투리아스의 주도 오비에도Ovideo에서 출발하여 정남 방향으로 내려와 높은 산맥을 건너면 까스띠야 이 레온Castilla y León 주도로 들어온다. 거기서 남으로 더 내려오면 살라망카Salamanca를 거쳐 엑스뜨레마두라의 경계로 넘어올 수 있다. 스페인의 북쪽에서 남쪽으로 내려오면 고작 서너 시간 만에 도로변 시골의 풍경이 급격히 변한다. 습하고 추운 산마을에 찌를 듯이 높은 바위산이 겹겹이 있고, 그 바위산들을 넘으면 사막도 평원도 아닌 독특한 광경이 나타난다. 엑스뜨레마두라 안으로 들어왔다는 뜻이다.

엑스뜨레마두라로 들어오면 고추나 포도, 해바라기를 기르는 드넓은 평원이 펼쳐지다가 갑자기 숲이 훅 나타난다. 아주 빽빽하지도, 성긴 숲도 아니다. 한국 숲은 산의 인근에 위치하는 경우가 많아서 평지에 예고도 없이 나타나는 숲이 낯설었다. '여기는 햇볕도 좋고 넓은 평원이라 농사를 짓기 딱이군'이라는 생각이 들자마자 숲이 불쑥 자리하는 것이다. 평원이다가 숲이다가 다시 평원이 숲으로 뒤바뀌는 과정이 반복된다. 나무들이 듬성듬성 박혀 있는 초지와 숲의 중간쯤 되는 땅이 끊임없이 펼쳐지면, 거기가 바로 '데에사'다. 엑스뜨레마두라는 데에사의 땅이다.

데에사는 초지에 관목들이 심어진 숲을 의미한다. 스페인과 포르투갈이 있는 이베리아반도의 서남부 지역에 주로 분포해 있고, 엑스뜨레마두라 지역부터 남쪽으로 퍼져 있다. 데에사는 스페인과 포르투갈의 허파와 같은 곳으로 생태숲이자 경제림으로서 중요한 역할을 한다. 오래 전부터 데에사는 이곳에 존재했고, 그 숲에는 이베리아반도의 주요 허브와 버섯이 자생하고 있다. 올리브나무, 무화과나무 등 여러 과일나무(특히 참나무)도 자생한다.

실은 우리가 흔히 '참나무'라고 부르는 것은 참나무과 참나무속에 속하는 모든 나무를 통칭하는 것으로 그 수종樹種만 200종이 넘는다. 영어로는 보통 오크Oak나무라고 부르며 술을 빚거나 보관하는 통을 만들 때 재료로 사용한다. 와인과 위스키에서 나는 나무향은 전부 오크통에서 온다. 참나무는 모두 비슷하게 생긴 열매를 맺는데, 우리는 이 열매를 도토리라고 통칭해 부른다. 따라서 흔히 참나무를 도토리나무라고 부른다. 물론 수종에 따라 열리는 도토리는 조금씩 달라진다. 스페인 서남부 지역의 데에사에서 서식하는 참나무는 주로 2개의 종류로 나뉘는데 하나는 '털가시나무Holm oak'이고 다른 하나는 굴참나무라고도 불리는 '코르크참나무Cork oak'다. 코르크, 어쩐지 익숙하다고? 그렇다. 병마개로 쓰는 바로 그 코르크다.

데에사에선 껍질이 벗겨져 속살이 드러난 나무를 자주 볼 수 있다. 그 나무가 코르크나무다. 말랑하면서 탱글한 코르크는 코르크나무의 껍질 그 자체이다. 나무의 껍질을 벗기는 게 너무 잔인하다고? 걱정할 것 없다. 껍질을 벗겨내도 성장에는 지장이 없으며, 10년이 지나면 껍질은 다시 돋아나 완벽히 재생된다. 데에사에서 자생하는 코르크나무 덕에 스페인과 포르투갈은 큰돈을 벌어들이고 있다. 전 세계에서 생산되는 코르크의 80% 이상이 데에사 출신이기 때문이다. 포르투갈의 '삼성'으로 알려진 코르크 마개 생산 회사 아모림Amorim의 '아메리코 아모림1934-2017' 전 회장은 이 데에사 덕택에 포르투갈 최대의 갑부가 될 수 있었다. 나무껍질 장사로 갑부가 될 수 있다니!

데에사에는 많은 동물들이 살고 있다. 유럽을 오가는 철새들은 데에사에서 머물다가 북으로 떠난다. 경제적 가치가 뛰어난 스페인의 재래돼지 이베리코를 방목하여 키우는 곳도 데에사다. 이베리코 돼지 중에서도 데에사에서 뛰어놀며 털가시나무와 코르크나무가 떨어뜨리는 도

토리를 주워 먹고 자란 녀석들만이 최고 등급인 베요타Bellota 등급을 받을 수 있다. 베요타 등급의 이베리코 돼지고기에서 느낄 수 있는 독특한 육향의 정체가 데에사가 만들어 낸 도토리다.

데에사에서 베요타 등급의 이베리코 돼지를 기르려면 까다로운 규정을 따라야 한다. 이베리코 돼지 한 마리당 대략 2ha의 데에사가 확보되어야 하기 때문에 방목하여 기르려면 데에사가 아주 넓어야 한다. 한 변이 200m에 다른 한 변이 100m인 크기다. 1.4ha인 잠실구장에서는 돼지를 한 마리밖에 못 키운다! 물론 이것이 전부는 아니다. 더 까다로운 조건이 있다. 2ha의 땅에서 살고 있는 돼지 한 마리를 위해 도토리나무, 과일나무, 올리브나무 등 열매가 열리는 나무 60그루가 확보되어야 한다. 굉장하지 않은가? 베요타 등급의 이베리코 돼지 100마리를 키우려면 최소 200ha 이상의 데에사에 6,000그루의 열매 나무가 필요하다. 어마어마한 크기의 서울대학교 관악 캠퍼스의 면적이 190ha인데, 이 큰 캠퍼스 전체를 6,000그루 이상의 나무와 함께 데에사로 조성해도 이베리코 돼지 100마리를 못 키운다. 세상에!

까다로운 규정을 두는 이유는 돼지가 숲에서 자연식을 충분히 먹고 배변 활동을 해도 자연순환될 수 있게 하기 위해서다. 돼지의 수가 많아지면 데에사는 훼손되며 분변으로 흘러넘칠 것이다. 그런 사태를 막기 위해 내세운 조건들 덕에 돼지의 분변은 숲의 자양분이 되고 숲을 더욱 풍성하게 만들어준다. 그 자양분으로 나무는 더 많은 도토리를 만들어 숲의 크기도 확장되고 더 많은 새와 야생 동물들이 숲을 향유할 것이다. 데에사는 스페인의 허파가 되고 생명 다양성의 근원이 되며 인간에게도 경제적인 이득을 준다. 베요타 등급의 이베리코 돼지는 전 세계적으로 인기가 높기에 비싼 가격에 판매되고 있다. 비싼 가격에 판매되어서 다행이라고 생각한다. 데에사를 없애거나 파괴하지 않고 자연을 보존할 수 있게 되었기 때문이다. 이베리코 돼지의 안락함을 보장하는 것이 그들에게도 이득이 되어 참으로 다행이다.

데에사를 새롭게 조성하려면 70년 이상의 시간이 필요하다. 나무를 빠르게 성장시키는 마법은 없지만 자본은 성질이 급하다. 확고한 신념이 없다면 어떤 이도 70년 동안 자신의 소중한 돈을 데에사에 묻어두려고 하지 않을 것이다. 차라리 다른 공장에 투자하는 편이 낫다고 여기겠지. 자본이 가장 사랑하는 것은 '규모의 경제'다. 돼지 한 마리를 키우려면 2ha의 땅과 60그루의 나무가 필요한 데에사에서는 규모의 경제가 작동하지 않는다. 데에사에서 돼지를 기른다는 것은 자연과 시간의 힘에 기대는 것이므로, 농사를 크게 짓는다고 얻을 수 있는 강점도 없다. 그래서 데에사에서 이베리코 돼지농사를 짓는 이들은 대체로 대대로 이베리코 돼지농사를 지어온 가족농이다. 까다로운 규정이 소농을 보호할 수 있는 교묘한 정책이 되었다. 스페인 사람들, 안 그럴 것 같은데 교묘한 면이 있다. 교묘한 사람들이 음식도 맛있게 만드는 법이지.

소사 씨의 거위 농장

2015년 6월 20일, 나는 스페인 남부 세비야에서 북쪽으로 운전했다. 뜨거운 태양이 내리쬐는 남부 안달루시아 지방을 벗어나 스페인에서 가장 오지인 엑스뜨레마두라로 진입했다. 도로도 좋았고 주변 산악 지형도 아름다웠지만 오지로 들어가고 있다는 분명한 감각에 긴장을 하기도 했다. 포장도로가 끝나고 흙먼지가 날리는 비포장 시골길에 진입했다. 당시 내 목적지는 빠야레스Pallares 마을. 세계 최고의 푸아그라Foie Gras를 생산하는 에두아르도 소사 씨의 거위 농장으로 향하고 있었다.

푸아그라는 캐비어, 송로버섯과 더불어 세계 3대 미식 재료로 알려져 있다. 그런데 이 맛있는 푸아그라의 세 가지 측면이 먹는 사람으로 하여금 죄책감을 느끼게 한다. 첫 번째는 '이렇게 비싼 것을 막 먹어도 되나?'이다. 조금씩 잘라 입에 넣고 음미해야 한다. 두 번째는 '이렇게 맛있는 걸 막 먹어도 되나?'라는 죄책감이다. '내 입이 이렇게 맛있는 것에 적응해버리면 나는 앞으로 뭘 먹어야 하지?'라는 죄스러운 마음과 '평생 이것만 먹으며 살고 싶다'는 욕망이 충돌하며 폭식에 이르고 만다. 그리고 마지막 죄책감(이게 제일 중요한 문제다)은 '이렇게 잔인하게 생산된 걸 먹어도 되나?'이다.

푸아그라는 비싸고 맛있지만 잔인하다. 푸아그라를 생산하기 위해서는 거위의 위에 강제로 철제 호스를 끼워 넣고, 끊임없이 사료를 밀어 넣어야 한다. 게다가 암컷 거위가 생산하는 푸아그라는 맛이 떨어진다는 이유로 암컷은 병아리 시절에 살처분된다. 수컷 거위들은 좁은 케이지에서 강제로 사료를 주입되며 자라면 간에 지방이 쌓이며 붓기 시작한다. 일정 이상의 지방이 쌓이면 간에 화학적 변이가 오며 풍미가 극대화되는데 그것이 바로 푸아그라다. 정상 간보다 10배 이상 커지면 도축된다.

이런 잔인한 사육 기술을 가바쥬Gavage라고 한다. 가바쥬는 기원전 2500년에 고대 이집트에 살던 유대인들이 고안한 것으로 알려져 있다(파라오가 푸아그라를 좋아했다고 한다). 그들은 가금류에게 강제로 영양을 공급하면 간이 급속도로 부풀며 독특한 풍미가 생긴다는 사실을 발견했고, 이 내용은 이집트 피라미드의 고대 벽화에도 그림으로 남아 있다. 이집트에서 시작된 가바쥬는 그리스와 로마를 거쳐 유럽 본토로 전달되었다. 미식의 나라 프랑스는 가바쥬를 가장 적극적으로 받아들였다. 현재 전 세계에서 생산되는 푸아그라의 75%가 프랑스산인 이유다.

각국의 미식가들은 푸아그라를 사랑하며 비싼 돈을 주고 푸아그라 요리를 먹지만, 몇몇 유럽 국가(영국, 독일, 이탈리아 등등)들은 가바쥬 기술을 적용한 푸아그라 사육을 금지했다. 그러나 프랑스를 중심으로 전 세계의 모든 푸아그라 생산 업체와 농장에서는 이런 잔인한 방식을 유지한다. 그 예외를 만들어낸 곳이 바로 내가 방문한 에두아르도 소사 씨의 농장이다.

소사 씨의 거위 농장은 엑스뜨레마두라 주도의 한 귀퉁이에 위치해 있다. 19세기 초반부터 대대로 농사를 지어온 농장이다. 누구나 푸아그라가 가바쥬 기술로 생산된 식품이라고 인식할 때, 잔인함 없이도 푸아

그라를 생산할 수 있음을 보여준 농부다. 이 혁신은 뉴욕의 스타 셰프인 댄 바버가 2008년 TED 강연에서 소사 씨의 농장을 방문했던 이야기를 하면서 세상에 알려지게 되었다. 이 영상은 지금도 유튜브에서 쉽게 볼 수 있으니 관심이 있으신 분들은 찾아보길 바란다. 바버의 레스토랑 '블루힐Blue Hill'에서 오바마 대통령이 소사 씨 농장에서 공급한 푸아그라를 먹으면서 소사 씨의 푸아그라는 더 유명해졌다.

모래 먼지를 뚫고 찾아간 소사 씨의 거위 농장은 내비게이션으로도 찾아가기 힘든 오지에 있었다. 소사 씨는 영어를 잘하지 못했지만 우리는 손짓과 발짓을 써가며 서로를 이해하려 노력했다. 그의 농장은 집 한 채와 드넓은 대지뿐이었다. 나는 가바쥬를 대체한 혁신적 기술이 무엇인지를 물었고, 그는 집 앞에 펼쳐진 대지를 손으로 가리키며 "거위들의 호텔"이라고 웃으며 대답했다. 그가 가진 기술은 이것이 전부일 뿐이라고.

소사 씨 집 앞에 펼쳐진 대지의 관목들 속에 1,000여 마리의 거위들이 방목되어 있었다. 갖추어진 시설이 있다거나 작물들이 줄지어 심겨 있거나 거위들이 한곳에 모여 있는 모습은 찾아볼 수 없었다. 그냥 관목이 우거진 데에사 지역이다. 자연 그대로의 수풀이 소사 씨 농장이다. 소사 씨는 거위들에게 사료를 주지 않는다고 했다. 그곳은 거위를 기르는 곳이 아니라, 거위들이 자생하는 지역이라고 표현하는 것이 더 적절했다. 소사 씨는 거위 이외의 그 어떤 다른 가축이나 작물을 기르지 않는다. 완전 방목 거위들은 마음껏 돌아다니며 풀과 도토리, 과일, 야생 곡식들을 뜯어 먹고 자라고 있었다. 그의 차별화된 혁신 기술은 '완전 방목'이었다.

소사 씨는 방목 중에 거위에게 사료를 주기적으로 공급하면 오히려 푸아그라가 잘 만들어지지 않는다고 이야기했다. 스페인에서 거위는 겨울이 되면 북쪽으로 날아갔다가 여름쯤 다시 이 지역으로 돌아온다. 북으로 날아가는 장기간의 여행 전에 거위들은 집중적으로 영양소를 섭취해 간에 저장한다. 소사 씨는 자연스럽게 푸아그라가 만들어지는 이 무렵에 거위를 도축하면 된다는, 다소 허무한 이야기를 하였다. 이 원리는 오래전부터 유대인들 사이에서 내려오던 것이었고, 소사 씨네 가족이 그 원리를 그들의 땅에서 구현한 것이었다.

소사 씨의 농장에서 완전 방목으로 살고 있는 1,000마리의 거위 중 절반은 겨울에 북으로 날아가기 직전에 잡아서 도축한다. 나머지 500마리는 북으로 날아갔다가 친구와 새로운 가족과 함께 1,000여 마리가 되어 소사 씨의 농장, 즉 데에사 위를 날아서 지나간다. 이때 소사 씨가 전략적으로 기르고 있는 집거위들이 하늘에 대고 소리친다. "얘들아! 여기 진짜 끝내주는 곳이야! 완전 5성급 호텔인데 좀 쉬었다 갈래?" 그럼 하늘을 날던 거위 무리들은 유혹을 못 이기고 소사 씨의 땅으로 내려와 데에사와 집거위들의 매력에 빠져 당분간 머물며 겨울을 나게 된다. 소사 씨는 욕심내지 않고 절반 정도만 포획하고, 나머지 절반은 북으로 날아가게 한다. 이런 사이클을 반복하며 '생산라인'이 유지되는 것이다. 우리가 아는 축산업계의 생산 방식 중 가장 자연적이라고 할 수 있다. 인간을 위해 희생하는 가축을 위해 '윤리'라는 것을 어떻게든 구현해 보려고 노력했다.

소비자들은 가바쥬의 죄책감을 덜어주는 소사 씨의 푸아그라에 열광하기 시작했다. 미디어에서는 소사 씨의 푸아그라를 '윤리적 푸아그라'라고 이야기하지만, 소사 씨는 윤리적이라는 표현 대신 '자연의'라는 단어가 적합하다고 말했다.

"문 교수, 우리는 어쨌든 거위를 희생시켜야 해. 거위의 간을 먹는 것부터 윤리적일 수 없어. 내 푸아그라를 윤리적이라고 하면, 그건 다른 푸아그라는 비윤리적이라고 비난하는 셈이 되는 거잖아. 그러고 싶진 않아. 자연적인 방식으로 채집하는 거니 그냥 자연 푸아그라라고 불러 줘."

"좋은 접근이네. 그런데 많은 사람들이 이런 방식으로 푸아그라를 생산하면 뭐가 더 좋냐고 묻더라고. 영양분이 더 많아? 더 맛있어?"

"우리 집 자연 푸아그라는 가바쥬로 생산한 푸아그라보다 더 단단해. 그래서 프라이팬에 올려 요리를 할 때 가바쥬 푸아그라보다 훨씬 오랫동안 녹지 않고 버텨. 시간을 벌어주는 거지. 그만큼 셰프들이 푸아그라에 더 많은 테크닉을 쓸 수 있는 거야. 그러니 더 훌륭한 요리를 만들 수 있지!"

이 얼마나 명쾌하고 멋진 답변인가! 사실 푸아그라는 맛있는 기름 덩

어리라, 불 위에 얹으면 빠르게 녹는다. 소사 씨의 자연 푸아그라는 단단해서 오래 버티기 때문에 셰프의 손길을 많이 받을 수 있는 것이다. 한국에서 여전히 유행하는 신토불이, 약식동원 마케팅을 하는 사람이라면 '우리 푸아그라는 자연산이라 몸에 더 좋다'느니 '정력에 더 좋다느니'이런 사이비 과학적인 이야기가 나올터인데, 소사 씨는 그런 부류의 사람이 아니었다. 역시 대단한 농부다.

소사 씨의 자연 푸아그라는 비슷한 품질의 푸아그라에 비해 거의 두 배의 가격을 지불해야 살 수 있다. 게다가 수량은 한정적이다. 한 마리의 간에서 180g짜리의 제품이 두 개 나오는데, 매년 500마리만을 도축하니 1,000병이 전부이다. 하지만 푸아그라를 즐기되 죄책감은 덜고 싶은 고객들이 기꺼이 그 가격을 지불한다. 심지어 1년 전에 미리 예약을 걸어두고 선입금을 10% 납부하기까지 한다.

2015년, 나는 소사 씨의 농장을 방문한 최초의 한국인이라는 행운을 거머쥐었다. 소사 씨는 그날 나를 위해 파티를 열어주었다. 동네 사람들과 밤늦게까지 먹고 마시며 즐겼다. 나는 그날 저녁 소사 씨 농장에서 생산되는 자연의 푸아그라를 죄책감을 살짝 덜어내고 먹었고 우리는 친구가 되었다.

2018년, 나는 다시 그의 농장을 방문했다. 그는 이 지역의 음식인 미가스Migas로 나를 환대했다. 미가스는 큰 빠에야 팬에 먹다 남은 빵을 부수어 물과 올리브 오일에 살짝 재우고, 볶은 마늘, 구운 파프리카, 쵸리소, 삼겹살, 계란프라이 등의 재료와 비벼 먹는 원초적인 시골 요리다. 큰 팬에 두고 나눠 먹는다는 점에서 빠에야와도, 우리의 음식 비빔밥과도 비슷한 서민적인 음식이다. 2015년과 2018년 두 번 다 술과 노래가 빠지지 않았다. 먹고 마시고 노는 데에는 한국과 스페인 국민들이 1, 2등을 다투지 않을까?

두 번의 환대에 참을 수 없었던 나는 2018년 11월, 단풍이 가장 아름다울 때 그를 우리나라로 초대하는 소소한 복수를 했다. 그는 한국에서 강연회를 가졌고, 농부로서 그의 철학을 배우고 싶어 하는 한국의 젊은이들이 그와 교감했다. 물론 나는 그에게 갈비를 비롯한 한국의 음식과 술을 제공했다. 2019년, 소사 씨가 리턴 매치를 원했다. 나는 장준우 셰프를 비롯한 나의 친구들과 함께 그의 농장이 있는 빠야레스 마을로 향했다.

빠야레스 마을잔치

라 베라에서 출발해 엑스뜨레마두라의 데에사를 3시간 넘게 가로지르자 빠야레스 마을에 접어들었다. '접어들었다'라는 표현은 무언가 국면이 전환되거나 새로운 무언가가 나타날 때 주로 쓰는 표현이지만, 실은 빠야레스 마을에 접어들기 전과 접어든 후 크게 다른 것이 없다. 어딜 둘러봐도 엑스뜨레마두라 특유의 돌덩이와 뭔가 조금 황량해 보이는 벌판과 몇 그루의 나무들 뿐이다. 빠야레스 마을의 중심으로 보이는 곳에는 작은 광장이 있으며 오렌지 나무 몇 그루와 작은 바가 하나 있었다. 공간적으로나 시간적으로나 새롭게 '접어든 것'은 딱히 없어 보인다. 4년 전에 처음 왔을 때나, 작년에 두 번째로 방문했을 때나, 지금이나 변한 것이 없다. 빠야레스 마을은 아마 백여 년 전에도 이와 비슷한 모습이었을 것이고, 아마 앞으로도 그럴 것이다.

주목받길 좋아하는 사람이라면 빠야레스 마을 광장에 있는 바에 들어가면 만족감을 얻을 수 있다. 시골 마을의 바가 으레 그렇듯 동네 사람들이 대낮부터 모여서 시간을 보내는 마을 회관 같은 곳에 아시아 사람이 문을 밀고 들어가면 강렬한 시선 세례를 받게 된다. 아시아 사람을 거의 볼 일이 없는 이 동네 사람들은 시선은 자연스레 아시아 사람의 얼굴을 따라간다. 마을에 하나밖에 없는 전형적인 타파스 바이니 아무거나

시켜 먹으면 된다. 당연히 영어는 통하지 않는다. 타파스 매대에 있는 음식 하나를 딱 찍으면 금방 꺼내서 접시에 담아준다. 맥주라도 하나 시키면 공짜 타파스 하나는 그냥 나온다. 시골 인심이다.

그 바에 15분 정도 앉아서 뭔가를 먹고 마시고 있으면, 잠시 후 동네 사람들이 아시아 사람의 얼굴을 구경하러 호기심 찬 눈으로 어슬렁어슬렁 바에 들어온다. 물론 동네 아이들과 강아지들도 함께 달려온다. 아이들과 강아지는 더 노골적인 호기심을 보인다. 처음 왔을 때 그랬었다. 하지만 아쉽게도 이번에는 빠야레스 마을의 바에 들러 보지 못했다. 소사 씨의 농장에서 만나기로 약속했던 시간에 조금 늦었기 때문이다. 우리는 마을 광장을 지나쳐 차로 7~8분 정도 떨어진 소사 씨의 농장으로 향했다.

소사 씨 농장 입구에는 있으나 마나 한 대문이 있다. 이걸 문이라고 해야 할까, 수동식 차단기라고 해야 할까? 빼드로 아저씨가 차에서 내려 문을 열어 차가 들어갈 수 있는 공간을 확보했다. 차가 문 안으로 들어가자 빼드로 아저씨가 대문을 닫고 다시 차에 올라탔다. 이렇게 우리는 소사 씨네 농장으로 진입했으나 아직 한참을 가야 한다. 따로 도로가 없기에 마치 사파리에 온 것처럼 자연 그대로의 땅을 지나간다. 여기저기 소도 보인다. 이 농장을 드나드는 차들이 다니던 흔적이 보여서 이를 따라간다. 그게 길이다. 주위에 보이는 이 넓은 엑스뜨레마두라의 평원과 데에사가 다 소사 씨의 농장이다. 그런데 여기서 '농장'의 정의에 대해서 잠깐 이야기해야 할 것 같다.

소사 씨는 자신의 땅을 '거위들의 호텔'로 만든 것이지, 거위들을 인위적으로 사육하는 공간으로 만든 것은 아니었다. 소사 씨네 농장 위로 날아가던 거위들이 '아, 날도 덥고 힘든데 좀 쉬었다 가볼까? 자, 어디에 내리지?'라는 고민을 할 때 가장 위험이 적으며 매력적인 곳으로 인식되어야 한다. 거위들이 매력을 느끼는 장소는 그대로의 자연이 느껴지는 곳이고, 자신과 자신의 친구들이 안전하게 몸을 숨길 수 있는 풀과 나무, 바위가 있는 곳이다. 그래서 소사 씨의 농장은 줄 맞춰 촘촘하게 심어 놓은 작물이나 축사가 없다. 가장 자연스러운 모습을 유지했다. 너무 자연스러워서 버려 놓은 땅 같기도 했다. 하지만 거위들이 몸을 숨기거나 열매를 따 먹을 수 있는 나무를 더 심어서 데에사가 좋은 호텔의 상태로 유지되도록 관리한다. 그러니 데에사를 지날 때 차가 덜컹거릴 수밖에 없다. 차가 지나가니 껍질이 벗겨진 코르크나무 사이로 소들이 눈을 껌뻑이며 낯선 한국인을 쳐다보았다.

차로 3~4분을 더 가니 소사 씨네 집이 보였다. 그런데 분위기가 심상치 않았다. 소사 씨네 집 앞에 차들이 주욱 늘어서 있는 게 아닌가. 흙먼지를 휘날리며 차들 옆에 차를 세우고 내리니 음악 소리가 난다. 3인조 플라멩코flamenco 연주팀이 와 있었다. 두 명의 남자는 앉아서 기타를 치며 노래를 부르고, 한 명의 남자는 서서 박수를 치며 추임새를 넣는다. 애절하면서도 신나는 것이 우리 민요와 닮은 구석이 있다. 〈밀양 아리랑〉을 예로 들어봐야겠다. '정든 님이 오시는데 인사를 못해 행주치마 입에 물고 입만 벙긋 (중략) 다 틀렸네 다 틀렸네 다 틀렸네 가마 타고 시집가긴 다 틀렸네. 아리아리랑 스리스리랑 아라~리가 났네……' 우리는 이런 애절하고 슬픈 가사를 신명 나는 후렴구와 템포로 씩씩하게 부른다. 조성은 장조로 시작해서 단조로 끝난다. 묘한 익숙함과 이질감이 플라멩코에서도 느껴졌다. 플라멩코에도 한恨이 서려 있다.

흔히 '플라멩코'라고 하면 머리에 꽃을 꽂고 빨간 드레스를 입은 여성이 춤을 추는 모습을 떠올리지만, 플라멩코는 무대에서의 연주 예술 형태를 말하는 것이지 단지 음악이나 춤으로 한정되지 않는다.

오랜만에 만난 소사 씨와 깊은 허그를 나누었다. 동양인의 얼굴을 처음 보는 사람이 대부분일 20여 명의 빠야레스 마을 사람들이 술잔을 든 채 플라멩코의 연주를 즐기다가 우리를 향해 손을 흔들었다. 소사 씨가 해맑은 얼굴로 "오늘 우리 빠야레스 마을 사람들의 절반 정도는 올 거야. 내가 한국에서 친구들이 온다고 전부 초대했거든"이라고 말했다.

소사 씨는 일단 먹고 마시기를 제안했지만, 나는 해가 지기 전에 드넓은 농장 어딘가에 숨어 지낼 거위들을 먼저 보고 싶었다. 단호하고 간절한 내 눈빛에 소사 씨는 씨익 웃으며 옥수수가 든 바구니를 가져왔다. 이 미끼로 어딘가 숨어서 한국인의 얼굴을 호기심 어린 눈으로 관찰하

고 있는 거위들을 꾀어낼 생각이다. 우리는 소사 씨네 집에서 북쪽으로 300m를 걸었다. 소사 씨는 알아듣지 못할 스페인어로 소리를 지르며 옥수수를 하늘로 던졌다. 거위를 부르는 행동이다. 주술적으로 느껴진다. 계속 같은 단어와 문장들을 반복하길래 함께 걷고 있던 뻬드로 아저씨에게 작은 목소리로 물었다.

"지금 소사 씨가 뭐라고 하는 거예요?"

"그냥 소리 지르는 거예요. 아무 뜻도 없어요. 스페인어도 아닙니다."

하지만 분명히 소사 씨의 목소리에는 후크송 같은 패턴이 있었다. 옥수수를 마법 가루처럼 하늘로 던져 뿌리며 거위를 부르는 마법의 언어를 하는 마법사와 데에사를 10여 분을 돌아다니니 금방 지치고 더워졌다. 거위는 '부리'빼기도 안 보인다. 오늘은 마법이 잘 안 통하나 보다. 해가 뉘엿뉘엿 넘어간다. 북쪽으로 걸어가며 마법 가루를 뿌리던 소사 씨가 방향을 틀며 서남쪽으로 향했다. 우리도 역시 그를 따라갔다. 서남쪽 언덕으로 올라가던 소사 씨가 갑자기 멈추더니 뒤돌아 손가락을 입에 대며 조용히 해달라는 신호를 보낸다. 이 와중에 멀리서는 애절한데 정말 신나는 플라멩코 노래 선율이 들려온다.

소사 씨는 언덕 너머 해가 넘어가고 있는 방향으로 걸어 올라갔다. 그가 언덕의 정점에 올라섰을 때 뒤 따라 올라가던 나는 그의 뒷모습을 바라보고 있었다. 언덕의 정점에 올라선 소사 씨는 뉘엿뉘엿 넘어가는 태양을 향해 바구니에서 옥수수 마법 가루를 꺼내서 팍하고 던지며 주문을 외웠다. 핑크색 셔츠를 입고 있었던 성공한 농부 소사 씨의 뒷모습은 역광으로 매우 어둡게 보였고, 마치 흑마법사가 태양을 향해 가공할만

한 흑마법을 부리는 것만 같았다. 그리고 그 흑마법사가 언덕의 정점에서 두 번째 주문을 외며 마법 가루를 뿌릴 때 뒤따라가던 나 역시 언덕의 정점에 올라서서 소사 씨의 옆에 섰으며, 그 순간 언덕 위의 위대한 마법사를 향해 (실제로는 옥수수를 주워 먹으러) 꽥꽥꽥꽥 달려 올라오는 한 무리의 야생 거위 떼를 볼 수 있었다. 장관이다. 마법이 통했다!

거위는 군집 생활을 한다. 함께 먹고 자고, 함께 움직인다. 언덕 너머에 숨어 있던 100마리는 될 것 같은 한 군집의 거위가 소사 씨를 둘러쌌다. 이 경이로운 순간을 뭐라고 표현해야 할까? 맛있는 옥수수 앞에 장사 없다? 나와 함께 조용히 구경하던 장 셰프는 소사 씨 앞에서 무릎을 꿇고 앉아 있다. 핑크색 셔츠를 입은 소사 씨와 그 경이로움에 경의를 표하는 장 셰프의 모습은 마드리드 프라도 미술관에서 봤던 유럽 16세기 성화聖畫의 한 장면 같았다. 다른 점이 있다면 장 셰프의 시선은 소사 씨가 아닌, 소사 씨 옆의 거위떼로 가 있다는 것이며, 그의 손에 들려 있는 카메라의 셔터를 무아지경으로 거위를 향해 눌러 대고 있었다. 내 바로 뒤편에서 이 성스러운 광경을 함께 나누고 있던 뻬드로 아저씨의 심드렁한 목소리가 들렸다. "얘네 별로 맛없어요. 얘네 간이 맛있지. 이제 먹으러 가죠?" 뻬드로 아저씨의 발은 플라멩코 노래 소리가 나는 소사 씨네 집을 향해 이미 움직이고 있었다.

언덕을 내려와 소사 씨 집 앞으로 돌아왔을 때, 아까보다 훨씬 많은 동네 사람들이 모여 있었다. 100명은 족히 되는 것 같았다. 빠야레스 마을의 총인구는 400명이 채 되지 않는다. 거동이 불편한 노약자와 술을 마실 수 없는 미성년자, 차량이 없거나 개인 사정으로 데에사에 올 수 없는 사람, 소사 씨를 싫어하는 이들을 제외하곤 모두가 참석한 것 같았다. 마을잔치가 제대로 열린 것이다.

스페인 엑스뜨레마두라의 한 성공한 농부가 멀리 한국에서 온 친구를 환영하며(물론 핑계다) 연 마을잔치의 면면을 살펴보자. 일단 잔치판이 벌어진 소사 씨네 집 마당 입구를 들어서면 안달루시아 지역의 전통 복장을 한 아저씨가 셰리 와인 한 통을 꿰차고 있다. 그리고 국자로 셰리 와인을 떠서 잔에 따라 입장객들에게 건네준다. 물론 무한 리필이다. 긴 국자로 셰리 와인을 따르는 것은 묘기 같아서 구경하는 재미도 있고, 내가 한번 해보고 싶다고 하면 얼마든지 하게 해준다. 물론 이 순간에도 애절한데 정말 신나는 플라멩코 노랫소리가 들린다.

소사 씨네 마당 중앙에는 큰 나무가 하나 있는데, 뜨거운 7월 여름날에도 나무 아래에 눈 같은 것이 쌓여 있었다. 이게 뭐지? 싶은 생각에 가까이 다가갔더니, 세상에! 나무 아래에 얼음을 1t(살짝 과장했다)이나 깔아 놓고 거기에 온갖 종류의 술과 음료를 꽂아 놓은 게 아닌가. 마을 사람이라면 누구든 원하는 만큼 얼음에 꽂힌 주류와 음료를 뽑아서 마실 수 있다. 한구석에는 엑스뜨레마두라의 양젖 치즈 9종을 먹기 좋게 잘랐고, 또 한쪽에서는 지름이 1m가 넘는 빠에야 팬에 쌀과 야채, 소사 씨 농장에서 잡은 거위 고기를 넣어 빠에야를 노랗게 끓이고 있다. 물론 소사 씨 농장에서 생산한 자연 푸아그라를 얹은 빵도 제공되었다.

소사 씨가 급히 불러서 가보았더니, 이베리코 돼지의 하몬 다리 한 짝이 테이블에 올려져 있었다. 그 앞에서 솜씨 좋은 하몬 마스터가 칼을 갈았다. 소사 씨는 단호한 어투로 하몬 해체쇼는 반드시 보아야 하니, 집중하라고 했다. 그의 표정에서 문화적 자긍심이 느껴졌다. 한국을 방문한 외국인 친구에게 '이게 바로 그 삼겹살이야. 어떻게 굽는지 잘 봐! 봤지? 자, 이제 쌈 싸는 걸 보여줄게. 딱 집중해서 봐!'라고 할 때 우리 얼굴에서 나오는 표정이었다. 하몬 마스터는 미니멀한 손놀림으로 하얀 곰팡이꽃이 피어 있는 하몬의 껍질을 제거했고, 붉고 흰 근육과 지방이 나오자 칼을 바꿔 들고 포를 뜨기 시작했다. 포를 어찌나 얇고 균일하게 뜨는지, 마치 한지韓紙 장인이 닥나무를 녹인 물에 발틀을 넣어 떠오른 한지를 살짝 말린 후 떼어내는 모습의 고기 버전 같았다. 이 무렵 해는 완전히 넘어갔고, 하몬도 내 뱃속으로 충분히 넘어갔다.

어둠이 데에사를 감싸자, 플라멩코팀이 노래를 부르고 있는 마당의 무대(이 성공한 농부 아저씨는 화단 위에 실제 무대를 설치했다!) 위의 조명이 더 따뜻하게 느껴진다. 엑스뜨레마두라 사람들은 누가 먼저랄 것도 없이 둘씩 마주 보고 플라멩코를 추기 시작한다.

인생에서 결코 잊지 못할 영화 같은 장면을 꼽으라면 국민학교 시절 처음으로 가본 부산 플라자 호텔 뷔페의 화려함을 떠올린다. 수많은 음식이 만들어낸 몽환의 순간. 더불어 지금 바로 이 순간을 꼽아야겠다. 이 순간은 〈토요일 밤의 열기Saturday Night Fever〉에서 존과 캐런이 비지스의 'More than a woman'에 맞추어 반짝이는 무대 위를 부드러운 움직으로 빙글빙글 돌며 춤추던 몽환적 장면의 엑스뜨레마두라 버전이다. 클럽의 반짝이는 무대는 데에사의 대지로, 존John과 캐런Karen은 수십 명의 후안Juan과 까리나Carina로 바뀌어 있었다.

춤을 추는 동안 야외 그릴에선 고기를 굽는 냄새가 진동했다. 소사 씨는 포크질을 제대로 못하는 한국인 친구들을 위해 젓가락을 한 움큼 가져다주었으며, 어느 순간에 내 손에는 위스키와 얼음이 가득 채워진 1L짜리 초대형 와인잔이 들려 있었다. 빠야레스 마을 사람임이 분명한 중년 남성이 무대 위에서 태극기를 흔들었고 뻬드로 아저씨는 나에게 내일 일정이 있어서 이제 떠나야 한다는 이야기를 수차례 하고 있었다. 자정이 가까워지는데도 잔치는 이제 시작인데 어디를 가느냐며 소사 씨는 불같이 화를 냈고 엑스뜨레마두라의 예를 따르라고 불평했다. (엑스뜨레마두라의 잔치는 보통 다음 날 점심을 함께 먹으면서 마무리된다.)

나는 고마운 마음에 연설을 결심했다. 태어나서 처음으로 스페인어로 연설을 하는 만용을 부렸다. (위스키 만세!) 몸과 마음은 엑스뜨레마두라의 예를 따르고 싶었으나 현실은 현실이었다. 나는 다음 날 안달루시아 지방으로 장거리 이동을 해야 했다. 소사 씨와 빠야레스 마을 사람들에게 꼭 감사의 마음을 전하고 싶었다. 뻬드로 아저씨도, 소사 씨도 나에게 용기를 주기 위해 내 옆에 함께 섰다. 물론 구글 번역기도 함께였다. 그러나 그날 내가 한 스페인어 연설의 주된 내용은 '난 아직도 푸아그라가 부족하다'였다. 엑스뜨레마두라의 밤이여, 영원하라!

◇ *Part 3* ◇

안달루시아

◇ 6 ◇

안달루시아

Andalucía

France
Galicia
Asturias
Cantabría
País Vasco
Navarra
La Rioja
Castilla y Leon
Aragón
Cataluna
Portugal
Extremadura
Castilla La Mancha
Valencia
Murcia
Andalucía
Algeria
Morocco

아라세나 마을

엑스뜨레마두라주의 남쪽 경계는 안달루시아주와 맞닿아 있다. 안달루시아는 스페인 최남단으로 남쪽엔 바다를 두고 있다. 그리고 그 좁은 바다 지브롤터 해협을 건너면 아프리카가 나타난다.

서기 711년, 이슬람을 믿는 북아프리카의 무어인들은 지브롤터 해협을 건너 이베리아반도를 침공했다. 북쪽의 가톨릭 세력이 일으킨 국토회복운동 '레콩키스타'에서 무어인들이 패배하여 다시 북아프리카로 축출되었을 때가 1492년이다. 이베리아반도는 총 781년간 무어인의 땅이었다. 무어인들이 세력을 눈에 띄게 확장했던 서기 756년에는 최북단, 지금의 아스투리아스 인근 지역 일부를 제외하고는 모든 이베리아반도가 그들의 땅이었다. 심지어는 피레네산맥을 넘어 프랑스 일부까지 세력을 확장했다. 가톨릭 세력은 스페인과 포르투갈이 위치한 땅을 예전엔 '이베리아'라고 불렀지만, 무어인들은 그 땅을 안달루스라고 불렀다. 주도가 세비야인 안달루시아는 '안달루스Andaluz의 땅'이라는 뜻이다.

수백 년간의 전쟁에서 무어인들이 최후까지 머물렀던 지역이 안달루시아다. 그로 인해 800년 동안 무어인들의 문화가 안달루시아에 정착되었다. 대표적으로 건축양식과 음식에 흔적이 많이 남았다. 스페인을 대표하는 음식 빠에야의 주재료 쌀도 그 시절 무어인들이 가지고 들어온 것이다. 반면에 스페인의 북쪽 끝자락 아스투리아스 지역은 무어인들의 지배를 받은 적이 없다. 그 지역에서는 북아프리카의 흔적, 이슬람의 향기가 느껴지지 않는다. 그러나 아스투리아스에서 산을 넘어 내려오기만 하면 무어인의 흔적을 쉽게 만나볼 수 있다. 남쪽으로 더 내려와 엑스뜨레마두라에 도달하면 더욱 느낌이 강해진다. 그리고 안달루시아까지 넘어오면 이국에 와 있는 듯한 느낌을 받을 정도다. 야자수와 오렌지나무, 구름 한 점 없는 새파란 하늘, 하얀 벽과 눈 부신 태양, 그리고 끝없이 펼쳐진 데에사까지. 이것이 안달루시아의 시골이 여행자에게 살짝 내보이는 미소다.

엑스뜨레마두라주의 남쪽 경계 인근의 마을, 농부 에두아르도 소사 씨의 마을 빠야레스에서 차로 30분이면 안달루시아주로 넘어간다. 경계를 넘자마자 서쪽으로 방향을 틀면 하부고Jabugo 지역으로 들어간다. 진짜 하부고 마을로 가려면 1시간은 더 가야 하는데, 그 인근에 사는 사람들은 자신들이 대략 하부고에 산다고 이야기한다. 장성에 살아도 '나 광주 살어', 담양에 살아도 '나 광주 출신이여'라고 하는 것과 비슷하다. 그러나 하부고는 광주처럼 큰 도시가 아니다. 아주 작은 시골 마을임에도 인근 지역 사람들이 '하부고'로 자신들을 설명하는 이유는 하나다. 하부고는 예로부터 스페인 사람들의 소울푸드 하몬으로 유명한 동네기 때문이다.

엑스뜨레마두라주와 안달루시아주 경계의 이베리코 돼지 산업은 지역 경제의 중요한 부분을 차지한다. 이 인근에 펼쳐진 넓은 데에사에는 이베리코 돼지들이 방목되고 있다. 그런데 같은 방목형 이베리코 돼지의 뒷다리로 만든 하몬이라도 하부고산이냐 아니냐는 소비자들의 선호도와 가격 결정에 중요한 요인이 된다. 누구나 자신의 하몬이 하부고산이라고 우기니 갈등이 심해지고, 스페인 정부는 이를 해결하기 위해 여

러 가지 중재안을 내기도 했다. 결국 수십 년에 걸친 법률적 공방 끝에 2008년, 하부고를 포함한 하부고 인근 31개 마을에서 만든 하몬은 전부 하부고 하몬이라고 부르기로 결론을 냈다. 그리고 이 결정은 EU가 인증하는 지리적 표시제로 보호받는다. 31개 마을을 제외한 곳에서 하몬을 만들고 하부고 하몬이라고 판매하면 처벌을 받는다. 아라세나Aracena 마을은 31개 마을 중 하나로 데에사에서 이베리코 돼지 농사를 짓고 하몬을 만드는 것이 주산업이다. 인구는 약 8,000명이다. 참고로 하부고 마을의 인구는 3,000명에 불과하다.

아라세나 마을은 자신들이 이베리코 하몬의 중심이라는 강력한 의지로 마을의 중심에 하몬 박물관Museo del Jamón을 세웠다. 7개의 작은 방으로 구성된 귀여운 박물관이다. 규모는 크지 않고, 허술해 보이기도 한다. 하지만 그곳이 아라세나의 자존심이다. 하몬 박물관에 가면 하몬에 관한 중요한 사항들이 잘 정리되어 있고, 관리인에게 물어보아도 친절히 답해준다. 하몬 종주 마을의 자긍심이 느껴졌다.

내가 방문했던 아라세나 마을의 하늘은 언제나 파랬다. 하늘은 언제나 파랗지 않냐고 반박할 수도 있겠지만, 아라세나의 하늘은 그 어떤 곳과도 다른 채도를 보여주었다. 아라세나의 데에사 역시 채도가 높은 초록색이었고, 아라세나의 하몬, 아니 하부고의 하몬도 역시 채도가 높은 빨간색이었다. 맛의 채도도 높았다. 아라세나 마을의 모든 것이 분명하고 선명하다. 아라세나 성Castillo de Aracena이 있는 언덕으로 올라가거나, 반대로 마을의 작은 골목을 산책할 때 마을의 하얀 벽면들과 하늘의 채도가 상상 이상으로 대비되었다. 10분간 차를 몰고 마을 외곽으로 가면 에이리쓰Eiriz 농장이 나왔다. 극한의 초록과 극한의 빨강, 그리고 극한의 맛의 채도, 감칠맛의 정점에 선 하부고의 하몬을 그곳에서 맛볼 수 있다.

이베리코 돼지와 하몬

우리가 흔히 하몽이라고 부르는 스페인 음식은 하'몬'이라고 발음하는 것이 정확하다. 1992년에 개봉한 영화 <Jamón Jamón>은 전 세계에서 큰돈을 벌어들이며 흥행한 스페인 대표 막장 영화다. 한국에서는 1994년에 상영되었는데, 당시 이 영화를 두고 '예술의 한계는 어디까지인가? 충격, 논란!!'이라는 표현이 신문에 등장할 정도였다. 충격적인 영화 내용 탓에 동방예의지국인 한국에서 상영할 때는 주인공 모녀 관계를 이모와 조카 관계로 의도적으로 오역해서 내보낼 정도였다. 주인공이 "엄마(Mama)!"라고 부를 때도, 자막은 "이모!"라고 나왔다. 영화의 줄거리를 요약하면 투우사 지망생인 남주가 여주와 그 여주의 엄마, 그 여주의 남자친구의 엄마와 모두 사랑을 나누는 내용이라고 할 수 있겠다. 물론 이게 전부는 아니다.

아무튼 이 영화가 한국에서 상영될 때 제목인 'Jamón Jamón'을 '하몽 하몽'이라고 표기하면서, '하몬'은 한국에서 '하몽'이 되었다. 왜 '하몽'이라고 했을까? 이 질문에 대한 가설이 세 가지 있다.

첫 번째, 스페인어에선 j, c, g 앞에 n이 놓이면 n이 연음이 되면서 '니은'이 아닌 '이응' 발음으로 바뀐다. Jamón이 단독으로만 있으면 '하몬'이 될 터인데, 뒤에 Jamón이 하나 더 붙어서 'Jamón Jamón'이 '하몽 하몬'이 된다. 이를 한국어로 표기하던 누군가가 '같은 단어인데 다르게 표기하니 좀 이상하게 보이네? 에잇, 그냥 하몽하몽이라고 해. 발음도 더 예쁘잖아!'라고 해버린 게 아닐까 하는 추측이다.

두 번째, Jamón을 하몬이라고 발음하지 않고 하몽이라고 발음하는 동네가 있고, 그 동네의 발음이 한국으로 들어왔다는 설이다. 하몬의 주요 산지인 남부 안달루시아에선 Jamón을 하몬과 하몽의 중간 정도로 발음한다. 즉, 사투리가 한국에 들어왔다는 것인데, 개인적으로 그럴 가능성은 낮다고 생각한다.

마지막은 일본에서 유래되었다는 설이다. 1990년대 초반까지 비영어권 영화는 일본어판을 중역해 들인 것이 많았다. 일본어에서는 Jamón을 'ハモン'으로 표기하는데 그 끝 발음의 표기가 'ン'이다. 일본에서는 외국어를 가타카나로 표기할 때 n(니은)과 ng(이응), 그리고 m(미음)의 발음을 구분하지 않고 'ン' 하나로만 표기한다. 일본어 번역을 한국어로 중역하는 과정에서 실수로 하몬이 아니라 하몽으로 썼다는 설이 있는데, 이게 가장 유력하다. 아무튼 정확한 발음은 '하몬'이 맞다.

그럼 하몬이란 무엇인가? Jamón을 영어로 번역하면 '햄Ham'이다. 이 막장 영화의 영어 제목은 '햄 햄'이 된다. 그러면 또 햄은 무엇인가? 스페인어로 Jamón, 영어로 Ham의 정확한 의미는 돼지의 '뒷다리 허벅지'를 말한다. 그러니까 이 영화의 제대로 된 한국어 번역은 '허벅지 허벅지'가 된다. 영화의 제목이 'Jamón Jamón'이 된 가장 큰 이유는 영화 속 대사를 통해 알 수 있다. 여주의 남친이 여주의 가슴에 관해 이야기하는데 '한쪽은 감자 오믈렛 같고, 다른 한쪽은 하몬과 같아'라고 한다. 그러면 제목이 '감자 오믈렛과 하몬'이어야 하는데 왜 '하몬 하몬'이 되었느냐, 영화 후반부에 이번엔 남주가 여주의 가슴에 대해 '한쪽은 하몬, 다른 쪽도 하몬'이라고 이야기하는 장면이 나오기 때문이다. 아름다운 장면이다. 그리고 영화에서 이 두 장면에서 대화의 실제 수위는 지금 내가 쓴 것보다 훨씬 높고, 여기서 상당 부분 조정했다는 것을 밝힌다.

자, 그러면 스페인 하몬이 맛있는 이유를 살펴보도록 하자. 하몬은 돼지 뒷다리를 통째로 염장 건조해 숙성한 음식을 말한다. 포로 떠서 건조한 것이 아니라, 통째로 건조 숙성시킨 다음에 칼로 얇게 저며 먹으니 돼지 뒷다리 육회라고도 할 수 있다. 그런데 앞다리를 하몬이라고 부르는 건 불법이다. 앞다리는 빨레따Paleta라고 부른다. 품질과 무게가 같아도 하몬이 빨레따보다 훨씬 더 비싸게 팔린다.

어떤 돼지로든 하몬을 만들 수 있지만, 하몬의 맛을 결정하는 가장 중요한 요인은 돼지의 품종이다. 스페인 재래돼지 이베리코로 만든 하몬이 최고로 여겨진다. 스페인 동북쪽 까딸루냐 지역에서는 이베리코 돼지로 만든 하몬보다 일반 돼지로 만든 하몬 세라노Jamón Serrano(산에서 만든 하몬)을 즐겨 먹지만, 까딸루냐 지역을 제외한 스페인과 포르투갈 전역에서는 이베리코 돼지로 만든 하몬Jamón Ibérico을 훨씬 선호한다. 물론 나도 하몬 이베리코를 선호한다. 스페인에서 하몬을 살 때 '하몬이 이렇게 싸다니?' 싶으면 일반 돼지로 만든 하몬 세라노일 가능성이 크다. 돼지의 품종을 확인한 뒤 구매해야 한다. 물론 입맛은 개인 취향이니 자신에게 맞는 하몬을 고르면 된다. 하지만 스페인에서 하몬을 먹는다면, 꼭 한번 하몬 이베리코를 먹어보길 추천한다. 어떤 분들은 하몬이 짜다고도 한다. 스페인에 와인이 존재하는 이유는 하몬이 짜기 때문이라는 것을 잊지 말아야 한다.

하몬의 맛을 결정하는 두 번째 요인은 어떻게 길렀냐는 것이다. 한국

에서는 돼지고기 등급을 지방이 얼마나 적고 육량은 상대적으로 얼마나 많은지에 따라 결정한다. 한우는 마블링이 많아야 높은 등급을 받는다. 그러나 이베리코 돼지는 어떻게 길렀느냐로 등급이 나뉜다. 이베리코 돼지를 축사에 넣고 사료를 먹여 기르면 가장 아래 등급인 쎄보Cebo 를 받게 된다. 중간 등급 쎄보 데 깜포Cebo de campo는 일정 기간 이상 데에사에 풀어놓고 방목하되 사료를 먹인 이베리코에게 부여된다. 쎄보 데 깜포 등급부터는 방목이 필수고 가격도 올라간다. 가장 높은 등급은 '베요타'이다. 더 오랫동안 이베리코 돼지를 데에사에서 방목해야 하고, 방목 중에는 사료가 금지된다. 이베리코 돼지는 데에사를 뛰어다니며 데에사에서 자생하는 다양한 식물들을 먹으면서 자란다. 그리고 다른 돼지들보다 더 오래 길러진다. 특히 데에사의 도토리가 가지고 있는 올레인산이 방목한 돼지에 은은한 육향을 더해준다. 베요타 이베리코 돼지로 만든 하몬은 비싼 가격을 자랑한다. 일반 시민들은 중요한 날에나 베요타 등급의 이베리코 하몬을 먹을 수 있을 정도로 고급 식재료다.

하몬의 맛을 결정하는 세 번째 요인은 어느 지역의 데에사에서 길렀냐는 것이다. 상상해보자. 강원도 산골에 있는 숲과 전라도 지리산 아랫자락의 숲은 본질적으로 특성이 다르다. 기온부터 다를 것이며 일조량, 강수량도 다르고 자생하는 나무나 버섯, 열매도 다를 것이다. 만약 쌍둥이 돼지를 한 마리는 강원도에, 또 다른 한 마리는 지리산에 각각 풀어 놓으면 서로 다르게 성장할 것이 분명하다. 스페인엔 이베리코 돼지를 풀어 기르는 데에사로 유명한 지역이 네 곳이 있다. 그중 최고는 역시 안달루시아주의 하부고 인근 데에사다. 하부고 데에사는 앞서 언급했던 것처럼 31개의 마을을 감싸고 있으며, 그중에서도 아라세나 마을이 최고의 이베리코 하몬 생산지로 여겨진다.

eíriz
eíriz

아라세나 마을 외곽의 에이리스 농장은 Eiriz 가족들이 운영하고 있다. 농장주인 도밍고 에이리스 씨는 지역에서 존경받는 중년 남성이다. 그는 오로지 이베리코 돼지를 사육하고, 이를 맛있는 하몬으로 만들고, 또 하몬의 문화를 널리 알리려고 노력 중이다. 푸근한 농부 같은 인상이지만 잠깐만 이야기해봐도 훌륭한 비즈니스맨이라는 것을 알 수 있다. 도밍고 에이리스 씨의 선조 할아버지 도밍고 에이리스(현재 중년의 도밍고 에이리스 씨와 이름이 같은데, 스페인에서는 흔한 일이다)는 스페인의 북서쪽 끝자락인 갈리시아Galicia주에서 1816년에 광산 관리자로 이주해왔다. 2년 동안 열심히 번 돈으로 약간의 땅을 구입해 전통 방식으로 이베리코 돼지를 기르기 시작한 것이 비즈니스의 시작이었다. 처음 구입한 그 땅 위에 현재의 가공장이 지어져서 5대째 가업이 유지 중이었다. 땅을 조금 확장한 것 이외에는 달라진 것이 없었다.

에이리스 농장의 구성은 단순하다. 가공장 건물이 있고, 그 옆에 가족들이 사는 집이 있으며, 방문객들이 하몬을 시식할 수 있는 작은 공간이 있다. 농장 주위는 모두 데에사고 이베리코 돼지들이 유쾌하게 뛰어놀고 있다. 방문객들은 데에사와 가공장을 둘러보고, 뒤뜰을 통해 시식 공간으로 간다. 뒤뜰에는 예쁜 레몬나무가 한 그루 있다. 시식 공간에서는 하몬 마스터가 멋진 솜씨로 하몬을 저며서 맛보게 해준다. 베요타 등급의 하몬과 쎄보 등급의 하몬을 비교 시식함으로써 왜 베요타 등급의 하몬이 더 비쌀 수밖에 없는지를 이해할 수 있다. 그 차이가 확연하다. 아, 하몬과 함께라면 와인이 끝도 없이 들어간다. 어찌나 잘 어울리는지!

하부고의 오렌지 와인

예전에 하부고 지역 출신의, 스페인에서 아주 유명한 하몬 마스터 한 분이 나에게 하몬을 멋지게 저며주며 이런 이야기를 했다.

"미국 녀석들은 하몬을 먹을 때 레드 와인이랑 먹어야 마리아쥬가 맞다고 하던데 도대체 무슨 소린지 모르겠어. 쯧, 하몬은 원래 이 동네에서 우리가 만들어 먹던 음식이잖아. 우린 천 년 동안 셰리랑 먹었는데 말이야. 걔네 정말 웃긴다니까, 하하."

셰리 와인은 스페인 남부 지역에서 주로 먹는 와인으로, 와인과 와인을 증류한 주정을 섞어 만들어 도수가 높다. 하몬과 먹으면 궁합이 기가 막힌다. 그런데 이 하부고 지역에서는 셰리 와인을 만들 때 포도로 만든 와인에 오렌지 껍질을 살짝 우려서, 오렌지 와인을 만든다. 이 동네 표현으로는 '비노 나랑하Vino Naranja'라고 하는데 오렌지 껍질의 향과 와인의 당을 좀 더 남겨서 달콤하게 만들어 마신다. 비노 나랑하와 하몬을 함께 곁들어 먹는 것이 이 지역의 문화다.

전 세계를 돌며 다양한 와인을 마셔봤지만, 이런 와인은 하부고 지역에서밖에 마셔보지 못했다. 다른 지역에서 '오렌지 와인'이라는 표현을 쓰기도 하는데, 그 경우는 오렌지 껍질을 넣은 것이 아니라 적포도를 다른 방식으로 가공하여 색을 오렌지빛으로 나게 한 것으로 완전히 다른 와인이다.

에이리스 농장의 시식 공간에서는 비노 나랑하를 양껏 마실 수 있었다. (참고로 비노 나랑하 한 병에 3,000원밖에 안 한다.) 다량의 하몬과 끊임없이 들어가는 삐꼬스Picos라고 불리는 과자 같은 식사빵도 산더미처럼 주고 갔다. 어떤 일이 벌어졌을까? '시골 인심이 대낮 참사를 부른다'는 새로운 속담을 만들 수 있었다. 비노 나랑하가 우리나라에 들어오면 디저트 와인으로 잘 팔릴 것 같기도 한데 말이지.

바실리포 올리브 농장

Hablar con el olivo. 직역하면 '올리브나무와 이야기하다'라는 뜻이지만, 실제 의미는 올리브나무를 돌보고 기른다는 숙어적 표현이다. 올리브나무를 기르는 스페인 농부들의 애정을 보여주는 표현이라 할 수 있겠다. 우리가 방문한 바실리포Basilippo 농장은 세비야 인근에 있는 농장으로, 올리브나무를 기르고 기름을 짜서 스페인 국내와 다양한 국가에 수출하고 있다. 농장에 올리브 오일을 내리는 시설까지 있으니 영세한 농장은 아니다. 또 바실리포 농장의 방문객들이 올리브나무와 오일을 잘 이해할 수 있도록 시음(말 그대로 올리브 오일을 벌컥벌컥 시음한다)이 포함된 투어와 일종의 '농촌 관광'도 운영하는 가족농이다. 한국식으로 말하자면 6차 산업화된 농장이다.

농장에서는 9개월의 '이야기'를 통해 영근 올리브를 수확하여 주스를 만들 듯 오일을 착즙한다. 올리브 오일은 와인과 비슷한 점이 많다. 일단 포도나무가 잘 자라는 동네에서 올리브나무가 잘 자란다. 일조량이 많고 강수량이 적어서 흙이 푸실푸실하면서도 마른 땅이 포도와 올리브에 적합하다. 또한 올리브는 와인처럼 지역 떼루아의 영향을 크게 받는다. 품종별로도 맛의 차이가 생기지만 떼루아로 인한 차이도 분명하다. 물론 와인과 올리브 오일 사이에도 차이점이 존재한다. 와인의 묘미는

숙성에 있으나, 올리브 오일은 갓 짜서 신선할 때 먹는 것이 좋다는 것이다. 빛, 열, 산소가 올리브 오일의 품질을 떨어뜨리는 주된 원인이므로 올리브 오일을 구매할 때는 적당한 크기의 제품을 사서 빨리 소비하는 것이 좋다.

나와 친구들이 오후 1시쯤 바실리포 농장에 도착했을 때 젊은 청년이 달려 나왔다. 차에서 내리니 눈이 부셔 뜨기가 어려울 정도였다. 7월 스페인 남부 안달루시아의 햇볕은 여자친구와 화기애애한 저녁을 먹다가 내 입에서 실수로 튀어나온 옛 여자친구 이름이 귀에 딱 꽂힌 여자친구의 눈에서 발사되는 광선과 같다. 그 누구라도 이 강렬한 눈빛의 햇볕에 주눅 들지 않을 수가 없다.

"올라! 상당히 덥죠? 그래도 오늘은 괜찮은 편이에요. 어제는 정말 더

웠어요. 일단 시원한 것부터 한잔 마시고 그늘로 갑시다. 아, 저는 기예르모예요."

친절하고 잘생긴 기예르모는 정원을 가로질러 우리를 안내했다. 가다 보니 땡볕 아래에 음료를 올린 큰 쟁반을 들고 우리를 기다리는 아가씨가 있었다. 우리는 안달루시아식 환대를 최대한 빨리 받아들이기로 했다. 마냥 웃고 있는 아가씨의 이마엔 땀이 송골송골 맺혀 있었다. 나는 그 아가씨를 돕겠다는 일념으로 아쑬Azul, 즉 안달루시아 블루의 영롱한 빛깔을 띤 안달루시아 전통 환대 음료를 빠르게 들이켰다. 파란 아쑬빛 게토레이. 역시 이런 폭염에는 파란색 게토레이가 최고의 환대다.

다행히도 그 아가씨는 빈 컵을 가지고 빠르게 사라졌으며, 우리는 나무 그늘 안으로 들어갈 수 있었다. 40도에 육박하는 기온인데도 그늘에선 한기가 살짝 느껴질 정도로 시원했다. 너무 더워서 내 감각 기능이 어떻게 되었나 싶기도 했다. 지중해성 기후의 여름에서만 느낄 수 있는 독특한 한기였다. 갓 스물을 넘긴 듯한 기예르모가 농장을 설명해주었다.

"바실리포라고 하는 이 농장의 이름은 스페인어로는 아주 시적인 단어예요. 바실리포! '달 숲 마을'이라는 의미거든요. 작은 집들이 옹기종기 모여 있는 작은 마을을 그리시면 됩니다."

기예르모는 눈을 지그시 반쯤 감으며 손으로 허공을 저으며 시인처럼 우리에게 설명하고 있었다.

"바실리포는 청동기 시대에 이 근처에 존재했던 것으로 추정되는 마을의 이름이기도 해요. 올리브나무는 스페인의 지중해 인근에서 자생하던 나무입니다. 그러나 이 열매로 기름을 짜서 먹을 수 있다곤 생각하지 못했죠. 2,000년 전에 레바논에서 스페인으로 넘어온 사람들이 기름을 짜서 먹는 것을 본 후 스페인 사람들도 올리브에서 기름을 짜기 시작했어요. 이건 문화예요, 그렇죠? 우리 농장이 그리 큰 회사는 아니에요. 가족이 경영하는 농장이니까요. 하지만 우리 바실리포의 철학은 2,000년 동안 내려온 이 지역의 올리브 문화를 존중하고, 우리 제품으로 전 세계에 올리브 문화를 알리는 거예요. 우리는 올리브나무와 매일 이야기를 나눕니다. 그리고 기름을 짜서 좋은 제품을 만드는 네에 많은 관심을 쏟죠."

잘생긴 청년 기예르모는 유창한 영어로 바실리포 농장을 설명했다. 그리고는 몸을 돌려 자신의 뒤에 있는 아주 오래된 나무를 가리키며 말을 이어나갔다.

"저 나무 보이시죠? 400살이나 된 올리브나무예요. 이 바실리포 농장의 역사기도 하구요. 보통 올리브나무의 생명은 천 살이 넘는다고 해요.

엄밀히 말하면 올리브 나무는 죽지 않아요. 영원히 살죠. 죽은 줄 알았던 나무에서 새 가지와 뿌리가 나와요. 새로운 생명이 솟아오르는 거예요. 400살 된 올리브 나무에서 보이는 무성한 잎과 열매는 25년 전에 새로 뻗어나온 가지에서 열린 거예요. 신기하죠? 100년 전에 농장에 번개가 쳐서 나무가 두 동강이 났었거든요. 그래도 강인한 올리브나무는 죽지 않았던 거죠. 죽은 줄 알았지만 시간이 지나면서 회복한 거예요. 대단하지 않나요?"

400살 된 올리브나무와 부활하는 예수의 모습이 겹쳐 보일 때쯤, 저 멀리서 키 작은 노인 한 명이 걸어왔다. 우리에게 다가온 노인에게 기예르모가 반갑고 정중히 인사했다. 기예르모는 그가 이 농장의 주인이자 개척자인 농부 후안 할아버지라고 우리에게 소개해주었다. 나는 짧은 스페인어로 정중히 후안 할아버지께 인사를 드리고, 간단히 인삿말을 건넸다. 후안 할아버지는 반갑게 나를 안아주며 농장에 대한 여러 이야기를 스페인어로 했다. 빼드로 아저씨는 통역을 하다가 너무 더워서 더 이상 못하겠다는 기진맥진한 표정을 지었다. 후안 할아버지는 개의치 않고 다양하고 익살스러운 표정을 지으며 많은 이야기를 해주려고 하셨다. 그러나 안타깝게도 기억이 잘 나지 않는다. 안달루시아 7월의 오후에 너무 오래 서 있었다.

우리는 기예르모를 따라 밭으로 이동했다. 당시 올리브는 여물지 않은 상태였다. 기예르모는 땡볕 아래에서도 한국에서 온 호기심 많은 아저씨에게 올리브 재배와 수확에 관해 열심히 설명했다. 어찌나 상세한지 한국으로 돌아가면 당장이라도 올리브나무를 심고 돈을 벌 수 있을 것만 같았다. 올리브 품종을 이파리와 열매의 모양만 보고도 구분할 수 있다고 했다. 올리브는 스페인에만 300종이 넘는 품종이 있다. 바실리포에서는 아르베퀴나Arbequina 품종과 요즘 소비자들이 좋아하는 강하고 매콤한 향을 가진 피쿠알Picual, 이 두 가지를 기르는 중이었다. 바실리포가 속한 세비야 인근 지역에선 아로마향이 강한 올리브가 생산된다고 했다.

바실리포에서는 올리브농사를 지을 때 인위적인 무언가는 딱 세 가지만 추가한다. 허브를 올리브나무 주위에 심어 해충의 접근을 막고, 사마귀와 무당벌레를 정기적으로 투입하여 유해 곤충을 방제하도록 한다. 또 나무 밑동을 하얗게 물감으로 칠을 해놓았는데, 햇볕을 더 고르게 받게 하려는 의도였다. 나는 이렇게 진한 햇볕이 안달루시아의 모든 공간을 채우고 있건만 뭘 더 고르게 받게 한다는 건지 궁금했다.

올리브 수확 시기가 되면 나무 아래에 그물을 깔아 놓는다. 그리고 나무를 흔드는 기계로 나무를 30초 동안 흔들고 사람들은 가지를 빗질한다. 올리브 열매가 그물 위로 떨어지면 차에 싣고 가서 빠르게 선별작업을 한다. 상태가 훌륭한 올리브 열매로만 기름을 뽑는다. 예전엔 위에서 눌러 짜내는 착즙 방식을 사용했지만, 요즘엔 '고가의 기계'로 원심분리(6,000rpm)를 해서 기름을 뽑아낸다. 수확 후 24시간 내에 기름을 뽑지 않으면 품질이 떨어지므로 빠르게 진행한다. 마지막으로 병입하여 어둡고 시원한 곳에 공기와 차단해 보관하면, 그럼 완성.

올리브나무의 재배와 수확, 올리브 오일 생산에 대해 기에르모가 설명했던 내용을 매우 축약하고 축약해서 썼다. 기에르모의 설명이 얼마나 상세하고 장황했는지 '올리브나무 재배 설계도'를 머릿속에 이식받은 것만 같았다. 당시 내가 기에르모의 설명을 중간에 끊으며 조금만 간단하게 말해달라고 부탁하지 않았다면 열정적인 기에르모는 열사병으

로 쓰러져서 큰 변을 당했을지도 모른다는 사실을 이 책에 꼭 기록하고 싶다. 우리는 그늘에 들어가 있었지만, 기예르모는 땡볕 아래에 서 있었다. 뻬드로 아저씨가 나지막하게 내게 속삭이기도 했다.

"재는 왜 저렇게 열심히 일하지? 스페인 사람답지 않게."

우리는 농장 투어 프로그램의 마지막 순서인 시음을 위해 건물 안으로 들어갔다. 기예르모는 에어컨과 선풍기를 틀어주었다. 우리 앞에는 각각 3개의 파란색 유리잔이 놓여 있었다. 그 유리잔들에는 서로 다른 올리브 오일 4종이 들어가 있었다. 파란 유리잔에 올리브 오일을 담는 이유는 시음하는 사람이 오일의 색을 인지하지 못하도록 하기 위해서였다. 인간은 색이 진하면 맛이 진하다고 생각하고, 색이 옅으면 맛도 옅다고 생각하게 되기 때문이었다. 시각적 효과를 배제하고 시음하는 것이 바실리포의 의도였다.

우리는 올리브 오일을 마셨다. 와인 마시듯 후루룩 소리를 내고 입안에서 오일을 굴리며 시음했다. 맛의 차이가 확연했다. 오래되어 산패 직전인 올리브 오일에선 살짝 시큼한 맛과 밋밋한 느낌이 났고, 신선한 엑스트라 버진Extra virgin 오일에선 파란 토마토향과 신선한 풀잎향이 올라왔다. 품종에 따라 목 뒤가 따끔거릴 정도의 매콤한 향이 느껴졌다. 올리브 오일에 함유된 천연 폴리페놀 성분 때문이었다. 올리브 오일에 알코올 성분이 살짝 들어가 있었다면 천국이었을 텐데!

이탈리아에서 요리를 공부한 장 셰프는 뒤에서 삐딱하게 앉아서 '올리브 오일이라면 역시 이탈리아지'라는 표정을 짓고 있었다. 그러다가 갑자기 허리를 꼿꼿하게 세워 고쳐 앉더니, 아무도 물어보지 않았음에

도 “한국에서 구할 수 있는 최고의 올리브 오일은 이탈리아산 베제카 올리브 오일이야!”라고 기예르모가 알아듣을 수 없도록 한국어로 이야기했다. 그 모습은 마치 잉글랜드 사람들에게 자유의 당위성을 토로하는 스코틀랜드 전사의 결연함이 느껴졌다. 그러나 정작 잉글랜드 사람들은 별다른 관심을 보이지 않는 그런 상황이었다. 잠시 후 장 셰프의 입안으로 신선한 엑스트라 버진 올리브 오일이 흘러 들어가자, 맛있음에 반응하여 씰룩이는 그의 미간을 숨길 순 없었다.

기예르모는 미소 띈 얼굴로 우리에게 회심의 일격을 날렸다. 검지를 치켜들며 “비밀 레시피를 하나 알려드리겠습니다!”라고 말했다. 그는 작은 컵에 초콜릿 아이스크림을 한 스쿱씩 떠서 가지고 왔다. 이어서 바실리포 농장에서 생산하는 오렌지향 올리브 오일도 가지고 왔다. 인근 마을에서 생산되는 오렌지 껍질에서 추출한 오일을 올리브 오일에 블렌딩해 만든 바실리포 농장의 특제품이었다. 그리고 그 오일을 한 숟갈씩 초콜릿 아이스크림 위에 뿌려서 한 번에 떠먹기를 권했다. ‘햐, 요 녀석 영업하는 거 좀 보소?’라는 생각이 들 때쯤 고개를 들어보니, 장 셰프는 고개를 연신 끄덕이고 있었고 만면에 미소가 가득했다. 뻬드로 아저씨는 컵을 째로 들고 입으로 쓸어 넣고 있었고, 함께 온 친구들도 상기된 얼굴이었다. 초콜릿 아이스크림과 오렌지향 올리브 오일 조합은 기가 막혔다. 물론 더운 날 3시간 가까이 올리브밭을 돌아다니다가 아이스크림을 먹으면 무조건 맛있긴 하다. 실은 이런 특수한 올리브유가 아니더라도 올리브 오일과 아이스크림은 잘 어울린다. 바닐라 아이스크림을 한 스쿱 뜨고, 그 위에 쌉싸름한 풀잎향이 나는 좋은 올리브 오일을 한 숟갈 올린 후 드시기를. 아이스크림의 신세계가 열린다.

좋은 올리브 오일이라. 사실 무엇이 좋냐는 질문에는 답하기가 참 어렵다. 흔히들 엑스트라 버진 등급이 좋다고는 하는데, 엑스트라 버진 올리브 오일이 무엇을 의미하는지, 그 아래의 등급은 무엇인지에 대해서는 잘 모르는 경우가 많다. 엑스트라 버진은 올리브 열매를 수확해 바로 짜낸 오일을 말한다. 거기서 다시 한 번 더 열을 가해 짜낸 것을 버진, 또한 번 더 가공한 것이 일반 올리브 오일이라고 알려져 있으나 이는 약간 잘못 알려진 것이다. 어떻게 가공하였는지가 중요한 것이 아니라 결과물의 품질이 등급을 결정한다. 물론 제대로 기르고 가공해야 좋은 품질의 오일이 나오는 것은 너무나 당연하다.

올리브 열매를 수확해 뽑아낸 오일 중에서 오염되지 않고 산화되지 않아 문제가 없는 고품질 오일에 엑스트라 버진 등급을 부여한다. 산화가 되면 산도가 올라간다. 올리브 자체의 문제거나 생산 과정에 문제(오염, 가열, 산화 등)가 발생하여 약간의 결함이 생긴, 특히 산도가 올라간 오일에 버진 등급이 부여된다. 등급 표시가 없는 일반 올리브 오일은 그보다 심한 결함이 있는 것이다. '퓨어pure' 올리브 오일 표시는 전통적인 올리브 오일의 등급 표시가 아니니 살짝 곁눈으로 봐야 할 필요가 있다.

문제는 엑스트라 버진이라고 라벨링되어 판매되는 제품 중에 엑스트라 버진이라고 하기 어려운 것들이 많다는 점이다. 앞서 언급했던 것처럼 신선한 엑스트라 버진은 잔디향과 풋사과, 파란 토마토의 향기가 난다. 엑스트라 버진이지만 품질에 문제(실제로는 버진이어야 하는)가 있는 제품에선 풀잎향이 확실히 줄어든다.

또한 재차 언급하지만 산화는 주로 열, 빛, 공기와의 접촉으로 발생하니 엑스트라 버진 오일은 빨리 소비하기를. 오래 두면 등급이 내려가는 셈이다. 이 동네에서는 올리브 오일을 단순히 오일로 취급하는 것이 아니라 향신료로 여긴다. 멋진 향이 날아가면 그냥 일반 식용유를 먹는 것

Picual
Basilippo
Arbequina

과 무엇이 다를까?

올리브 열매의 수확 시기도 고려해볼 필요가 있다. 초록색 및 노란색의 올리브를 조기 수확해 오일을 만들면 산도가 낮고 폴리페놀 함량은 가장 높지만 수율이 낮다. 수율이 낮다는 이야기는 비싸단 의미다. 올리브 오일 1kg을 뽑아내기 위해 올리브 열매 12kg을 투입해야 한다. 비쌀 수밖에 없다. 일반 수확은 산도가 조금 올라가고 폴리페놀 함량이 다소 낮아진다. 대신 수율이 올라간다. 올리브 열매 8kg을 투입하면 오일 1kg이 나온다. 마지막으로 검은 빛깔이 된 올리브 오일을 늦게 수확하면 수율이 가장 좋아져서 열매 5kg으로 오일 1kg을 뽑을 수 있다. 반면에 영양은 가장 떨어진다. 어떤 경우든 엑스트라 버진이 될 수 있다. 결함이 없으면 엑스트라 버진이 될 수 있는 것이다. 그러니 영양을 고려한다면 조금 비싸도 조기 수확 올리브로 짠 엑스트라 버진 오일을 추천한다. 실은 나도 조기 수확 올리브 오일을 실제로 본 적은 한두 번밖에 없다.

전 세계에서 생산되는 올리브 오일의 절반 정도가 스페인에서 나온다. 그중 80%가 바실리포 농장이 위치한 안달루시아에서 나오니, 이 지역이야말로 올리브 오일의 성지라고 할 수 있다. 나는 바실리포 농장에서 진한 흙냄새를 맡았다. 작열하는 안달루시아의 따가운 태양 아래에서 잠깐이지만 올리브나무와 대화도 나누었다. 하지만 훌륭한 농부가 된다는 것은 쉬운 일이 아니다. 농부는 무엇보다도 부지런해야 하고 끈기가 있어야 하며 자연에 순응할 수 있으면서 대항할 수 있는 투지가 있어야 한다. 안타깝게도 내겐 그럴만한 깜냥이 없다. 솔직히 나는 '술병과 대화를 나누는 것Hablar con la botella'을 더욱 원한다. 그렇다고 병 속의 와인이 자라서 차올라 넘치진 않을 테니, 좋은 '친구들과 대화를 나누면서Hablar con amigos' 술병을 비우는 게 가장 낫겠다. 아, 안주는 올리브!

론다의 호텔: 꼬르띠호 살리나스

많은 사람들이 론다Ronda를 방문한다. 하지만 보통은 론다의 누에보 다리Puente Nuevo만 방문한다. 무시무시한 절벽을 가로지르는 누에보 다리는 확실히 멋지다. 그 다리를 배경으로 찍은 멋들어진 사진은 영원히 기억에 남을 것이다. 그러나 론다의 역사에 관심이 있는 사람이라면 중요 포인트에서 사진만 찍고 움직이는 것이 아니라 천천히 걸으며 론다의 투우장과 박물관을 관찰할 것이다. 그럼 머지않아 론다 식당에서 '라보 데 또로Rabo de Toro'라는 메뉴를 흔히 만날 수 있다는 사실을 알아차릴 것이다.

라보 데 또로는 2시간에서 2시간 30분 동안 뭉근하게 끓인 소꼬리찜을 말한다. 투우 경기에서 실려 나온 소의 자투리 부분이다. 원래 투우 소는 질겨서 식재료로 적합하다고 볼 수 없다. 예전에는 소꼬리찜이 투우장 인근에서 일하던 가난한 이들의 가정식이었지만, 이제는 어엿한 외식 메뉴로 자리 잡았다. 기록에 의하면 이 음식은 코르도바Córdoba인근의 투우장에서 처음 유행했으며, 이후 스페인 전역의 투우장 주변 식당에서 인기 메뉴가 되었다. 투우의 발상지로 알려진 론다의 투우장 근처도 마찬가지였다. 지역마다 레시피가 다르긴 하지만, 토마토와 갖은 채소, 와인으로 진득하게 채소 소스를 내고, 소꼬리를 센불에 튀겨내듯 겉

을 익힌 다음에 소스와 천천히 졸인다는 점은 동일하다.

세비야 인근의 바실리포 농장에서 차를 타고 1시간 정도를 달리니 론다 지역으로 들어갈 수 있었다. 우리는 그 유명한 누에보 다리 근처에도 가지 않았다. 일단 우리 일행 중 일반적인 관광 명소를 즐기는 이가 한 명도 없었다. 무더웠던 바실리포 농장에서 지쳤기도 했고, 고지대로 올라가는 꼬불꼬불한 도로에 멀미를 느꼈다. 특히 장 셰프가 크게 지쳤다. 우리는 일단 호텔로 이동했다. 꼬르띠호 살리나스Cortijo Salinas 호텔에 도착했더니 시원함이 피부로 느껴졌다. 바실리포 농장과는 완전히 다른 날씨임을 알 수 있었다.

그런데 근처에 아무것도 없었다. 호텔 이름에 나와 있듯, 꼬르띠호Cortijo는 스페인 남부 스타일의 시골 대저택으로 여러 개의 부속 건물과 농지, 목초지를 포함하는 개념이다. 체크인을 하러 가다가 뒤를 돌아보니 멀리 큰 호수가 보였다. 대저택 부지 내에 여러 개의 낮은 건물들이 보였다. 건물의 외벽은 안달루시아에서만 볼 수 있는 특유의 진한 노란색 혹은 하얀색 둘 중 하나였다. 호텔 정원에서 조금 걸어가니 한때는 투우사들이 실전 연습을 했거나, 대저택의 부유한 주인이 참관하며 즐겼을 것으로 보이는 투우 아레나가 있었다. 곳곳에 투우와 관련된 기록과 유물들도 남아 있었다. 관련 시설은 잘 관리되고 있었지만, 텅 빈 곳이라 다소 적적하게 느껴지기도 했다.

투우가 인간이 즐길 수 있는 윤리적 범위 내의 문화인지, 이제는 내려놓아야 할 옛 관습인지에 대해서는 생각할 부분이 많다. 스페인의 전통문화로 투우가 차지하는 비중은 절대 작지 않다. 요즘 아이들은 아이언맨, 헐크, 스파이더맨처럼 자신의 목숨을 걸고 빌런에 맞서는 히어로를 애정한다. 과거 스페인의 아이들도 투우에 등장하는 무시무시한 덩치의 소를 스페인을 침략하는 외세, 이에 맞서는 투우사를 스페인을 구하는 영웅으로 여겼다. 그런 이유들 때문에 투우사를 선망하고 존경했다. 요즘 아이들이 아이언맨이 되고 싶어 하는 것처럼, 과거엔 투우사를 꿈꾸는 아이들이 많았으며 그것이 자연스러운 현상이었다.

문제는 투우 경기가 목숨을 건 잔인한 스포츠라는 것이다. 투우 아레나에서는 매일, 반드시 적어도 몇몇 목숨이 끊어진다. 투우사든 투우든 누군가는 반드시 죽는다. 대부분은 투우가 죽었다. 소에게 불리한 싸움이다. 말을 탄 피카도르Picador가 창으로 투우를 찌르고, 반데리예로Banderillero는 하늘로 날아올라 작살을 투우의 등에 꽂는다. 주인공과 같은 마타도르Matador는 회심의 일격으로 투우의 등에 있는 500원짜리 동전보다 조금 큰 위치에 정확하게 검을 꽂아 넣어야 한다. 성공하면 그 검은 소의 심장을 관통하고, 600kg이 넘는 큰 소라고 해도 힘없이 쓰러진다. 실패하면 마타도르가 죽거나 치명상을 입을 수도 있다.

최근에는 의료 기술의 발전으로 투우 경기에서 투우사가 사망하는 사례는 많이 줄었다. 그러나 여전히 많은 투우사가 경기 중에 심각한 상해를 입는다. 기록에 의하면 1700년대 이래 스페인에서만 500명 이상의 프로 투우사들이 경기 도중 죽었고, 한 해에 50명의 프로 투우사들이 상해를 입는다. 소는 비할 바 없이 더 많은 죽음을 맞는다.

단검을 든 마타도르와 거대한 소가 마지막 일격의 순간만을 남겨둔 채, 1m 거리에 마주 서서 서로를 노려보는 순간은 그 어떤 영화와 격투기보다도 긴장감이 흘러넘친다. 하지만 시대가 변화하면서 투우 경기의 잔인함과 동물에 대한 비윤리적 처사에 대한 비판도 커졌다. 스페인 남부와는 상당히 다른 문화와 언어를 가진 까딸루냐에서는 2010년 투우의 비인도성을 지적하며 이를 금지하는 법안을 통과시켰다. 그러나 스페인 대법원은 2016년 까딸루냐의 투우 금지 법안이 위헌이라는 결정을 내렸고, 까딸루냐에서 다시 투우가 진행될 수 있도록 했다. 지금도 투우 경기를 폐지해야 한다는 견해와 전통 문화라는 주장 사이에서 논쟁과 갈등이 첨예하게 대립되고 있다.

호텔의 투우사 훈련 시설을 둘러보니, 수년 전에 학생들과 투우소를 기르는 농장을 방문했던 기억이 떠올랐다. 당시 학생들과 스페인의 식문화에 대해 조사하고 있었는데, 투우 경기용 황소가 어떻게 길러지는지를 직접 확인하고 싶었다. 우리는 농장 방문 전날 세비야에서 실제 투우 경기를 봤고 그에 관해 깊은 토론을 나누었다. 한 학생은 아레나에서 상처 입은 소가 내뿜는 피비린내에 트라우마가 생긴 것 같다고 했고, 또 다른 한 학생은 잔인하긴 하지만 지금껏 봤던 어떤 경기보다도 긴장감이 넘쳤다고 평했다.

그때 우리가 방문했던 Fuente Rey 농장은 일반적인 소가 아닌 투우용 황소를 전문적으로 기르는 곳이었다. 스페인에서 아주 유명한 투우사 집안에서 농장을 운영하고 있었다. 투우용 황소, 투우에 쓰이는 말을 길렀다. 투우 경기를 위해서는 야생성을 갖추어야 하므로 목축지가 아주 깊은 산골짜기에 위치하고 있었다. 그 농장에서 모든 소는 방목되고 있었고, 방대한 지역에 걸쳐 소들이 마음껏 뛰어놀 수 있는 환경을 갖추고 있었다. 어마어마하게 큰 골짜기 하나가 모두 소들을 위한 공간이었다. 완전 방목에 가까운 상태로 유지되었기에, 농장의 전용차를 타고 들어가니 소들의 엄청난 체격과 야생성에 압도되는 느낌이 들었다. 트럭이 다가가도 한 발짝도 물러서지 않았다. 눈빛과 뒷다리 근육만 봐도 식용을 위해 길러진 소가 아니라는 것을 알 수 있었다.

투우에 나가게 되는 소는 모두 수컷이다. 농장에서 자라는 수컷 소들은 자유로운 방목 생활을 하다가 운명이 갈리게 된다. 투우용으로 적합하지 않다고 판단되는 소는 식용으로 팔리고 적합한 소들은 4년차 때부터 투우 경기장으로 향한다. 이 방대한 농장을 딱 한 번 떠나게 되고, 그날 운명이 결정된다. 죽거나 인간 마타도르를 죽이거나 두 개의 선택지뿐인 승부의 세계로 들어간다. 잔인한 운명인 것은 부정할 수 없다.

내가 학생들과 그 농장을 방문한 이유는 인간의 '잔혹성'을 확인하고자 하는 의도가 있었던 것 같기도 하다. 비난할 수 있는 근거, 소의 전투력을 끌어올리기 위해 비인도적으로 소를 기르고, 훈련하는 상황을 발견하기 위해. 그러나 한나절을 그 농장에서 보냈지만 소들을 강제로 훈련한다거나, 가혹행위를 하는 모습은 발견할 수 없었다. 소들은 드넓은 대지에서 맘껏 뛰어놀고, 먹고 싶은 만큼 먹으며 행복하게 지냈다. 오히려 우리가 식재료로 쓰는 식육용 소들이 마블링 형성을 위해 좁은 축사에 갇힌 채로 바깥으로 나가지 못하고 고통 받는 경우가 많았다. 투우 경기용 소들이 식육용 소들보다는 훨씬 자유로워 보였다. 식육용 소들은 2년 반 동안 갇혀서 지내다가 도축장으로 이동하여 도축되지만, 투우용 소는 4년 동안을 자유롭게 지낸다. 물론 그렇다고 해도 투우용 소들이 칼을 맞고 죽음을 맞는 투우 경기장에서의 20분은 소들에겐 고통스러운 시간일 것이다. 그래서 나는 더 큰 혼란에 빠졌다.

최근 스페인 젊은이들을 대상으로 한 설문 조사 결과에 따르면, 투우 경기를 지지하는 비율은 10%도 되지 않았다. 머지않은 미래에 스페인에서 투우 경기가 사라질 가능성이 높다. 그렇게 되면 소들이 투우 경기장에서 고통받으며 죽는 사례도 사라질 것이다. 동시에 들판에서 맘껏 뛰어놀던 투우용 소들은 식용으로 적합한 소가 아니라는 이유로 멸종될 수도 있다. 우리는 어떤 선택을 해야 할까?

안달루시아 시골 대저택을 개조한 호텔에서의 아침은 훌륭했다. 수백 년 전으로 돌아가 스페인의 큰 농장에서 여유로운 아침을 즐기는 기분이었다. 아침 식사 메뉴는 간단했지만 부족함이 없었다. 무엇보다도 내가 지금껏 경험해본 적 없던 멋진 뷰와 환경 속에서 즐긴 시간은 내내 기억에 남을 것이다. 다만 몇 년 만에 투우 아레나를 만난 내 마음은 여러모로 복잡했다.

안달루시아의 해바라기

"정말 기대하셔도 좋습니다."

빼드로 아저씨가 이동 중인 버스 안에서 신난 목소리로 말했다. 꼬르띠호 살리나스 호텔을 나와서 동쪽 고지대로 올라가면 론다로 가는 길이 나온다. 큰 호수를 왼쪽에 두고 우리는 보데가스 라모스-파울Bodegas Ramos-Paul로 향했다.

스페인어로 보데가Bodega는 와인 저장고를 의미한다. 흔히 와인 양조장을 지칭한다고 보면 된다. 즉, 우리는 라모스-파울 양조장으로 향했다. 그 길에서 빼드로 아저씨는 손끝으로 글라사레마Grazalema 마을을 가리켰다. 글라사레마 마을은 스페인에서 강수량이 높은 곳 중 하나다. 연평균 2,000mm의 강수량을 기록한다고 한다. 인근 도시인 카디스Cadiz의 연평균 강수량은 640mm에 불과하니 아주 대조적이다. 참고로 우리나라의 연평균 강수량은 1,250mm 정도다. 아, 물론 빼드로 아저씨가 기대하라고 한 것은 글라사레마 마을의 비가 아니라, 라모스-파울 양조장의 와인이었다. 다행이다.

강수량이 적어 상시 물이 부족한 안달루시아 지방의 특성을 생각해보면, 인구 2,000명의 글라사레마 마을의 '미친' 강수량은 아주 독특한 기후적 현상이다. 습기를 머금은 대서양의 따뜻한 바람이 해발 913m의 글라사레마 마을 쪽으로 올라오다가 마을 주위를 감싸고 있는 차가운 석회암에 의해 급속히 냉각되며 수분이 구름으로 응축된다. 새파란 7월의 안달루시아에서 하늘을 바라보면, 저 멀리 글라사레마 마을의 위로만 구름이 끼어 있는 것을 볼 수 있다. 마치 비가 오는 것처럼. 안달루시아 지방에선 7월에 비가 내리는 건 흔하지 않은 일이다. 사실 우리가 여행했던 날 이후 몇 개월이 지난 1월에 인근을 다시 방문했었다. 그때도 글라사레마 마을을 바라보니 영화에서나 나올 법한 장면처럼 검은 먹구름이 마을을 감싸고 있었다. 폭우인지 폭설인지 모를 무엇이 쏟아지고 있었다.

다행히 우리가 탄 차는 글라사레마 마을의 반대쪽으로 향하고 있다. 즉, 와인과 가까워지고 있다. 산의 능선을 따라 꼬불꼬불 올라가다 보면 코너를 돌 때마다 새로운 풍경들이 등장한다. 그러다 어느 순간 갑자기 노란 해바라기밭이 툭 튀어나와 '나 여기 숨어 있었지!'하고 우리를 놀래킨다. 해바라기의 샛노란 색감이 비현실적이기까지 해서 정신이 아찔해진다. 지금 차가 제대로 가고 있는 거 맞지? 하는 의문이 들 정도다.

안달루시아에서 해바라기는 굉장히 중요한 작물이다. 해바라기 씨앗을 수확하여 기름을 짜내기 때문이다. 해바라기씨 기름은 하몬을 만드는 데 쓰인다. 이베리코 돼지의 뒷다리를 염장 숙성할 때 1년의 1차 숙성 후, 수년간의 장기 숙성에 들어갈 무렵에 겉면에 붙은 곰팡이를 닦아내고 잡균이 붙지 않도록 하몬의 겉면을 코팅할 때 사용한다. 해바라기씨 기름으로 하몬의 겉면을 코팅하듯 발라줘야 최고급 하몬이 만들어진다.

길이 험하다. 코너를 돌 때마다 해바라기밭이 펼쳐지니 더는 그냥 지나칠 수 없겠다 싶기도 했다. 장 셰프와 이번 시골 여행에서 처음이자 마지막으로 기념사진을 찍어야겠다는 생각도 들어서 뻬드로 아저씨에게 잠깐 차를 세워 달라고 했다. 나와 장 셰프는 차에서 내려 해바라기밭으로 뛰어 들어갔다. 그런데 꽃밭 사이로 들어가니 생각보다 해바라기꽃의 키가 커서 당혹스럽다. 해바라기가 이렇게 키가 큰 식물이었던가? 꽃도 엄청나게 크다. 고개를 들어 해바라기들을 바라보니, 1980년대 보이밴드 A-Ha의 뮤직 비디오 'The sun always shines on TV'에 나오는, 벽에 박힌 채 한 방향만을 바라보고 있는 똑같은 표정을 한 마네킨의 얼굴이 떠오른다. 원래 움직이는 것에는 큰 두려움이 없지만, 움직이지 않는 것이 움직일까 드는 공포감이 큰 법. 대낮이라 더 무섭다(?). 이리저리 사진을 찍고 있는데 내 오른 쪽에서 갑자기 그 노랗고 큰 얼굴을 내 쪽으로 스윽 돌리며 '안녕?'이라고 했다.

보데가스 라모스-파울

끝없이 이어질 것 같던 해바라기밭이 사라지자 목초지가 나왔다. 멀리 해발 870m에 놓인 조형물이 어렴풋이 보인다. 조형물 아래에는 초록색의 무엇이 가지런히 줄지어 서 있다. 분명히 포도다. 양조용 포도밭이 분명하다. 차는 포도밭 사이를 지나 하얀 조형물, 아니 와이너리로 진입했다. 아름다운 보데가스 라모스-파울에 이윽고 도착한 것이다.

높디높은 산 위에 있는 와이너리는 생뚱맞아 보였다. 뻬드로 아저씨는 이 와이너리에서 3km만 더 가면 2,000년도 더 된 고대 로마 유적인 아시니뽀Acinipo가 나온다고 했다. 거기에서 발견된 동전에는 포도 그림이 그려져 있었는데, 그걸 보면 예로부터 와인이 이 지역의 중요한 산물이었을 거라는 것이었다. 아시니뽀의 'acini'는 고대 라틴어로 포도를 의미하는 'ácĭnus'의 복수형이다. 아시니뽀를 고대 라틴어로 해석하면 '포도송이의 땅'이라는 뜻이다. 기원전 45년, 로마에선 민중파와 원로원파 사이의 내전이 있었다. 그때 카이사르에게 권력을 안겨줬던 문다Munda 전투가 근방에서 승리했고, 전투 부대원들이 은퇴 후에 머물 휴양처로 아시니뽀가 만들어지게 됐다. 당시 지어진 로마식 원형 극장은 지금까지도 원형이 그대로 보존된 채 가끔 사용된다.

차에서 내리자 50대 중반의 와이너리 오너와 그의 가족들이 우리를

맞아주었다. 남편인 나네는 원래 금융업 종사자였다고 한다. 오랜 꿈이었던 와이너리를 운영하기 위해 은퇴를 결정하고 부인과 이곳을 지어 포도밭을 일구었다. 그러니까 기존의 와이너리를 인수한 것이 아니라 처음부터 지었다는 것이다. 정말 대단한 사람들이다.

"반갑습니다. 라모스-파울 와이너리에 온 것을 환영합니다."

나네는 뻬드로 아저씨와 오랜 친구 사이였다. 그래서인지 우리를 자신의 친구처럼 반겨주었다. 나네의 부인과 딸, 아들로 보이는 청년도 밝은 얼굴로 인사를 건네왔다. 그런데 보데가스 라모스-파울에 오기 전에 뻬드로 아저씨는 내게 그 부부에겐 딸만 하나라고 했다. 아들처럼 보이는 그 친구가 누군가 해서 뻬드로 아저씨에게 물었다.

"나네 딸의 남자친구에요. 한국에서 손님들이 오니 도와주러 온 거

겠죠. 여기는 가족이 운영하는 와이너리라 따로 일하는 사람이 없거든요."

오너 나네는 아름다운 경관을 감상하고 있는 우리를 와인 저장고로 안내했다.

"우리 와인은 스페인에서도 유명하지만, 해외에서 더 유명합니다. 미국에 있는 '빌 게이츠'라는 사람이 요트 타고 와서 맛보더니 맛있다며 우리 와인을 100상자나 사 갔어요."

나네가 우스꽝스러운 표정으로 너스레를 떨며 저장고의 문을 열고 조명을 켰다. 천장이 높았고 벽면엔 와인을 저장하는 거대한 랙이 서 있었다. 현대적이며 미니멀한 게 특징이었다. 지금껏 많은 와이너리를 다녔지만 '라모스-파울'만큼 깨끗한 곳은 본 적이 없었다. 저장고 특유의 쿰쿰한 냄새도 나지 않았다.

"와, 와이너리가 정말 깨끗하네요? 보통은 특유의 곰팡이 냄새가 나기 마련인데요."

"와이너리는 깨끗해야 하죠. 좋은 와인을 만들려면 청결이 중요해요. 물론 우리의 숙성 방식이 다른 곳들과 다르긴 합니다. 보통은 오크통에서 오랫동안 숙성하잖아요. 그런데 우리는 오크통에서는 3년을 숙성하고, 와인을 유리병에 넣어 코르크로 막은 뒤 최소 6년을 더 숙성해요. 그리고 판매합니다. 만약 오크통 숙성을 4년 하면, 병입 숙성은 최소 8년간 해서 판매해요."

나네는 와인 저장고의 벽에 꽂혀 있던 와인 한 병을 꺼내 들었다.

"이 와인은 2007년 포도로 만든 겁니다. 10년간 병입 숙성했어요. 안 팔린 게 아니라, 2007년 와인을 2019년 판매하기 시작한 거죠. 2006년 와인은 2017년에 출시했는데 거의 다 팔았습니다. 아마 스페인에서 병

입 숙성을 이렇게 오래 하는 곳은 거의 우리뿐일걸요?"

"병입 숙성을 왜 오래 하시나요? 스페인에서는 오크통 숙성을 매우 선호하는 것으로 아는데요."

"3년을 오크통에서 숙성하면 오크통에서 받아올 수 있는 특성은 대략 다 받아오는 겁니다. 장기간 숙성을 통해서 와인의 품질을 더 끌어올릴 수 있는데, 나는 병입 숙성이 훨씬 안정적이라고 생각해요. 흔히 코르크 숙성이라고도 부르죠. 우리는 병입 숙성을 오래 하기에 코르크를 아주 좋은 것으로 구매해요."

나네는 잠깐 기다리라고 눈짓한 후, 한쪽 구석의 서랍에서 사용한 적 없는 코르크 마개를 몇 개 꺼냈다.

"코르크 마개 하나에 0.65유로예요. 최고급품이죠."

세상에, 코르크 마개 하나가 천 원이라니!

"이 와이너리의 첫 와인 빈티지는 2003년이어야 했습니다. 열심히 일했지만 솔직히 완성된 와인의 상태가 좋지 않더군요. 시큼한 식초 맛도 났습니다. 그래서 와인을 다 버렸죠. 그 이듬해 2004년도 잠깐 출시했습니다만 그다지 마음에 들지 않았습니다. 제대로 출시한 건 2005년 와인이에요. 2015년에 팔기 시작해서 고급 와인으로 포지셔닝했죠. 소매점에서는 한 병에 40유로 정도로 판매되고 있습니다."

스페인에서 와인이 10유로 넘어가면 꽤 고급이다. 스페인 유일의 백화점 체인인 엘 꼬르떼 잉글레스El corte Inglés의 고급 식재료 매장에서 이 와인을 본 적이 있었다. 나네의 말이 길어질수록 나는 어서 와인의 맛을 보고 싶었다. 저장고에 이어 우리를 양조실로 데리고 갔다. 역시나 양조실도 깨끗했다. 들어가자마자 신선한 엑스트라 버진 올리브 오일의 향과 다양하고 신선한 과일향이 났다. 라모스-파울의 와인 맛이 궁금해서 화까지 나려고 할 때쯤 드디어 나네가 뭔가를 좀 먹고 마시자고 제안했다. 그리고 그는 자신의 주방으로 안내했다. 주방에는 나네의 부인과 딸, 딸의 남자친구가 열심히 음식을 준비 중이었다.

"일단 하몬과 새우부터 먹읍시다."

스페인에서 진수성찬은 언제나 하몬으로 시작된다. 빛깔 좋은 하몬과 우엘바 새우가 가장 먼저 나왔다. 살짝 데쳐서 소금간만 한 새우였다. 안달루시아다운 음식이었다. 스페인 남부에서는 최소한의 조리와 약간의 향신료만 사용해서 원물의 맛을 극대화하는 조리법이 흔했다. 그래서 손으로 먹거나 포크만 간단히 사용하여 먹을 수 있는 음식들이 많았다. 이런 특징 때문인지 안달루시아 사람들은 오히려 북쪽 아스투리아스 음식을 신기해했다. '그쪽 동네에서 음식을 먹을 때 숟가락을 쓴다지?'라는 반응을 보인다. 파바다처럼 뭉근하게 끓인 음식을 더운 남부 지방에서는 찾아보기 어렵다.

우리는 하몬, 우엘바 새우와 함께 드디어 라모스-파울 와인을 맛보았다. 와인을 입에 흘려 넣으니 진한 과실향이 흘러넘쳤다. 텍스처가 부드럽고 실키했다. 오크향이 뒤를 톡 쳤다. 동행한 친구 중 한 명이 "나파 밸리의 최고 와인 오퍼스 원Opus One에서 났던 오래전의 그 빈티지 맛"이라고 했다. 가장 놀라웠던 점은 레드 와인과 새우는 잘 어울리지 않는다고들 하는데, 라모스-파울은 우엘바 새우와 잘 어울렸다.

사건 발생. 한국인이 새우의 민족임을 몰랐던 나네는 적어도 밤 10시까지는 먹을 수 있으리라 여겼던 우엘바 새우가 30분 만에 동난 것을 보고 크게 당황한다. 어서 와, 한국인은 처음이지? 주방이 갑자기 바빠진다. 요리하던 나네의 손동작도, 말도 빨라진다. 손님인 우리는 주방 뒤

편 테이블에 앉아 수북이 쌓인 우엘바 새우의 잔해와 그들을 관전하고 있다. 나네가 딸의 남자친구에게 인상을 찌푸리며 이야기하자 그 잘생긴 청년은 빠르게 밖으로 달려 나갔다. 안달루시아 사람들은 말도 빠르고 발음의 생략도 많아서, 대략적으로라도 나네의 말을 알아들을 수가 없었다.

"뻬드로 아저씨, 나네가 지금 뭐라고 한 거예요?"

"방금요? '빨리 안 갖고 와, 이 새끼야?'라고 했습니다."

유쾌하고 흐뭇한 마음이 들었다.

"아, 뭔가 아빠와 아들과 같은 관계인가 봐요."

"아니죠. 주인과 종의 관계죠."

잠시 후 잘 정선된 이베리코 돼지고기가 나왔다. 물론 바로 먹을 수 없으니 구워야 했다. 조금이나마 도움을 주기 위해 고기는 우리 한국인들이 굽겠다고 했다. 나네는 작은 그릴을 와이너리 정원에 준비해 두었다고 말했고, 우리는 고깃덩어리와 연장을 들고 (물론 와인도 함께) 정원으로 나갔다. 밖으로 한 발짝 내디뎠을 때 뭔가 아찔한 느낌이 든다.

해 질 녘 보데가스 라모스-파울의 정원은 천국의 정원이었다. 다들 정원으로 나오자마자 짧은 감탄사를 내뱉었다. 움직임을 멈추고 각자의 몸에 존재하는 모든 감각 수용체의 기능을 최대로 끌어 올렸다. 노을의 냄새가 따끈하고 보드랍게 내 몸의 전면을 훑어 내리며 왼쪽 귀 뒤편에서 빙글빙글 돌기 시작했다. 이게 뭐지? 지구에서 실제 존재하는 경관일까? 다들 옆으로 늘어선 채 멍하니 그 놀라운 기운을 온몸으로 받아들이고 있었다. 이번 시골 여행에서 가장 포근하면서도 드라마틱한 장면이었다. 이 장면과 이 느낌은 이후로도 계속, 지금까지도 꿈속에 가끔 등장하곤 한다.

해가 완전히 진 뒤론 정원에서 라모스-파울 2006년산 와인을 끊임없이 들이켰다. 한국인 셰프가 구운 이베리코 돼지고기와 절인 올리브, 그리고 이 지역의 치즈와 함께 밤은 깊어 갔다. 나네가 기타를 들고나왔다. 기타를 치며 노래를 불렀다. 역시 플라멩코다. 흥겨운데 뭔가 슬픈 느낌. 노래 세 곡이 이어지다가 네 번째 노래로 넘어가니, 그의 부인과 딸 이네스는 더는 못 참겠다는 듯이 슬슬 일어나더니 춤사위를 펼친다. 우리는 '올레(Ole)!'를 외치며 흥겨운 안달루시아의 문화를 즐겼다. 이네스의 남자친구는 그의 여자친구를 여신 바라보듯 바라보다가, 나네의 눈치에 후다닥 방으로 뛰어 들어가 와인을 더 내왔다. 그렇게 밤은 깊어가고, 이날 보데가스 라모스-파울의 밤하늘엔 월식이 있었다. 그리고 산 아래에서는 안개가 밀려 올라왔다. 스페인 시골 여행의 여정은 끝이 나고 있었고 플라멩코는 영원했다. 마법과 같은 밤이다.

◊ 7 ◊

지중해
Mediterranean Sea

France
Asturias
Cantabría
País Vasco
Galicia
Navarra
La Rioja
Castilla y Leon
Cataluna
Aragón
Portugal
Castilla La Mancha
Valencia
Extremadura
Murcia
Andalucía
Algeria
Morocco

안달루시아의 지중해: 에스뻬또

코스타 델 솔Costa del sol, 태양의 해변. 눈부신 지중해를 끼고 말라가Malaga를 지나 대서양으로 이어지는 스페인 남부 해변을 달렸다. 이번 여행에 함께했던 동료들을 말라가 공항에 내려주었다. 통역을 담당해준 뻬드로 아저씨와 까를로스와 함께 나는 대서양을 향해 달렸다. 전 세계에서 가장 아름다운 해안도로를 꼽으라면 스페인의 '코스타 델 솔'이 몇 손가락 안에 들 것이다. 코스타 델 솔을 달리는 이유가 뭐냐고? 뻬드로 아저씨가 마르베야Marbella에 있는 자신의 집으로 초대했기 때문이다.

7월 중순의 무지막지하게 '뜨거운' 말라가 해변을 좌측에 두고 코스타 델 솔 도로를 30분 달리면, '시원한' 마르베야 해변이 나온다. 스페인 남부는 여름에 섭씨 30도를 쉽게 넘기곤 한다. 심지어 안달루시아 내륙의 역사 도시 코르도바는 2018년 여름에 섭씨 49도를 찍기도 했다. (그 여름에 내가 코르도바에 있었다!) 코르도바에서 정남으로 내려오면 나타나는 해변 도시 말라가도 화상을 입을 정도로 덥다. 그런데 놀랍게도 마르베야만 시원하다. 한여름일지라도 해가 저물면 가벼운 카디건이 필요할 때도 있다.

마르베야의 독특한 기후는 지리적 특성 때문이다. 앞으론 지중해가, 뒤로는 시에라 블랑카Sierra Blanca로 불리는 작은 산맥이 마르베야를 병풍

처럼 감싸고 있다. 이 산맥은 스페인 중부 지역에서 불어오는 뜨거운 바람으로부터 마르베야를 지켜준다. 그래서 말라가 해변보다 마르베야 해변이 상대적으로 시원하다. 이런 이유로 유럽에서는 나름 유명한 관광지이며, 많은 영국 사람들이 은퇴 후에 마르베야에 정착하고 있다. 빼드로 아저씨는 부럽게도 이 좋은 곳에서 산다.

빼드로 아저씨는 여러 차례 자신의 집에서 머물기를 제안했다. 나는 극구 사양했다. 땀에 전 옷들을 빨고 널어야 하는데, 초면인 빼드로 아저씨네 가족들에게 '빨래해 널어둔 아저씨 팬티'의 이미지로 남고 싶지는 않았다. 그래서 빼드로 아저씨는 집으로, 나와 까를로스는 인근의 호텔로 향했다. 체크인을 하고 잠깐 침대에 누워서 쉴 생각이었는데 깊이 잠들었다. 배가 고파 죽겠다는 까를로스의 전화를 받고 겨우 잠에서 깨어났다. 우리는 저녁을 먹으러 가며 호텔 근처를 걸었다. 해가 넘어가니 차가운 바람이 불었다. 신기한 마르베야.

"교수님, 뭘 드시고 싶으세요?"

호텔 앞으로 온 뻬드로 아저씨가 물었다. 나는 피데와Fideuà가 너무 먹고 싶었다. 피데와는 빠에야 팬에 쌀 대신 스페인식 짧은 국수 '피데오Fideo'를 넣어 만든 요리를 말한다.

"까를로스, 난 어쩔 수 없는 한국인인가? 면을 한동안 안 먹었더니 팔이 저려."

함께 걷던 까를로스가 실망스런 목소리로 퉁명스럽게 이야기한다.

"쌀을 먹어야 한국인 아니야? 웬 면?"

그래. 한국인의 주식은 쌀이다. 빠에야는 한국에서도 엇비슷하게 먹을 수 있지만, 피데와를 한국에서 만나기는 어렵다. 고민 끝. 오늘 저녁 메뉴는 피데와. 앞서 말했듯이 스페인의 대표 국수라고 할 수 있는 피데오는 짧은 면이다. 빠에야는 남부 안달루시아의 음식이 아니라, 스페인의 주요 쌀 재배지인 동부 발렌시아Valencia 지역의 음식이다. 넓은 팬에 쌀을 조리한 것을 빠에야라고 부르고, 같은 방식으로 쌀 대신 피데오로 조리한 요리를 피데와라고 부른다. 잘 조리된 피데와에선 피데오 면발이 하늘을 보고 서 있다. 이탈리아산 파스타로 조리하면 이런 모양이 안 나온다.

뻬드로 아저씨의 말에 따르면 '마르베야에서 두 번째로 잘하는' 빠에야 레스토랑에서 나는 피데와를 주문했다. 역시 스페인답게 한 시간이 조금 더 지나서야 음식이 나왔다. 면발이 살짝 불기는 했어도 숟가락으로 팬을 긁어가며 싹싹 다 먹었다. 이게 그리 어려운 요리도 아닌데 국내에선 피데와를 하는 스페인 레스토랑을 찾기가 쉽지 않다. 분하다.

빠에야의 본고장 발렌시아 지방에서는 빠에야를 먹을 때 개인 앞접시 없이 포크가 아닌 숟가락으로 팬을 긁어가며 바로 입으로 가져간다. 유럽의 음식 매너에서는 숟가락을 오로지 수프 먹을 때만 사용하지만, 빠에야와 피데와에서는 허용된다. 짧은 면이라 숟가락으로 떠먹는 데에 아무런 문제가 없다. 식사하는 사람들이 함께 숟가락을 들이미는 방식이 한국의 식문화와 비슷하기도 하다. 본디 빠에야는 들판에서 일하다가 모닥불을 지피고 그 위에 팬을 놓고 요리해서 숟가락으로 함께 떠먹는 음식이라 그런 문화가 생겨났다. 요즘도 발렌시아의 빠에야와 피데와 전문점을 가면 숟가락으로 함께 떠먹는 것을 쉽게 볼 수 있다.

하지만 발렌시아 이외의 지역에서는 이런 방식을 어색해한다. 남부 안달루시아의 빠에야 전문점에서도 우리가 '발렌시아 방식(한국 방식)'으로 먹겠다고 하니, 서빙하는 스페인 친구가 당황해하는 것이 보였다. 포크 대신 숟가락을 쓰는 것도, 개인 접시 없이 입으로 가져가는 것도 당황스러워했다. 그들에게 오히려 내가 이것이 발렌시아의 본디 섭취 방법이라고 알려주었다. 들판에서 다 같이 일하다가 부글부글 끓여서 나눠 먹던 음식에 개인 접시가 있을 리 만무했다. 프랑스였다면 한바탕 논쟁이 벌어지거나 레스토랑의 매너를 따르지 않는다며 눈총 세례를 받았을 게 분명한데, 그곳은 스페인이었다. 젓가락을 꺼내 들어도 뭐라 하지 않을 사람들이었다. 우리를 흥겹게 구경할 뿐이었다.

그 많던 피데오 면들은 순식간에 바닥을 보였다. 둥그렇게 비어 있는 빠에야 팬이 너무 커서 중력으로 빛이 굴절되어 내 얼굴이 왜곡되어 보인다. 그리고 스페인 탄수화물계의 황제인 피데와를 양껏 먹고 나니, 다음 날 아침에 일어났을 때 얼굴이 빠에야 팬 사이즈가 되어 있었다.

우리는 점심을 먹기 위해 마르베야 해변으로 나갔다. 스페인 남부의 대표 도시인 말라가에는 여섯 가지 주요 특징이 있다. 태양, 바다, 피카소(말라가는 피카소의 고향이다), 뮤지엄, 비키니, 그리고 에스뻬또Espeto. 마르베야에도 여섯 가지 특징(내가 정했다)이 있다. 태양, 바다, 바람, 영국인, 주차난, 그리고 에스뻬또. 마르베야는 관광지라 꽤 붐볐다. 우리는 도심을 벗어나 해변으로 향했다. 길게 이어지는 '태양의 해변' 한쪽을 마르베야의 해변이 차지하고 있었다. 태양과 바다, 에스뻬또. 마르베야 해변의 핵심이다.

말라가와 마르베야의 공통된 특징인 에스뻬또는 '태양의 해변' 전통 음식이다. 모래사장 위에서 모닥불을 붙이고 오늘 잡은 생선을 꼬챙이에 꽂아 모닥불에 익혀 먹는다. 흔히 잡히는 정어리를 많이 먹지만, 어떤 생선이든 가능하다. 핵심은 해변과 모닥불, 꼬챙이, 그리고 생선이니까.

다만 전통 방식대로 모래사장에 퍼질러 앉기에는 아무리 시원한 마르베야라고 해도 피부가 심하게 탈 것 같았다. 우리는 해안가 식당의 파라솔에 앉아 에스뻬또를 먹기로 했다. 정어리, 오징어와 더불어 나는 도미를 시키고 싶었다. 하지만 입맛 까다로운 까를로스가 강력하게 이 세상에서 가장 맛있는 생선구이는 농어라며, 여기엔 어떤 논쟁도 하지 않겠다는 의사를 표한 탓에 어쩔 수 없이 도미 대신 농어를 주문했다. 생선을 먹자마자 까를로스는 새우를 요구했으며, 마르베야 해변의 뜨거운 열기는 까라비네로Carabinero라고 불리는 빨간 새우를 빠르게 익혀냈다. 대부분의 새우는 열을 가해야 빨갛게 변하지만, 까라비네로는 원래 새빨갛다.

악마같이 맛있는 까라비네로의 대가리까지 빨아 먹고, 오징어구이도 클리어했다. 에스뻬또엔 소금 외에 아무런 간을 하지 않는다. '태양의 해변에서 모닥불을 피우고 해산물을 굽습니다. 그리고 먹습니다. 그럼 끝!' 이것이 심플한 음식 에스뻬또다. 해변에서 신선한 해산물과 와인을 함께 마시니 만족감과 더불어 몸이 노곤해졌다. 여행의 피로가 풀린다고 생각했는데, 그건 낮술이 과해서 정신을 잃어가는 과정이었다. 오늘은 빨래를 해야 하는데, 빨래를 할 수 있을까? 그 생각을 하며 호텔로 돌아갔다. 이번 스페인 시골 여행의 마지막 순간이었다.

안달루시아의 태양

스페인 시골을 10번도 넘게 왔지만 나는 올 때마다 새로운 것을 보고 배우며 느낀다. 그래도 언제나 그대로인 것은 안달루시아의 태양이다. 그리고 아마도 이 세상에서 빨래에 가장 적합한 태양은 안달루시아의 태양일 것이다. 빨래를 해서 옷가지를 볕에 내놓으면 경이로운 현상을 관찰할 수 있다.

호텔 발코니의 티 테이블 위에 막 손빨래한 옷을 펼쳐서 넌다. 빨래 위로 건물이 만들어 놓은 그늘이 걸치게 되는 부분과 햇볕이 닿는 부분으로 자연스럽게 나뉜다. 햇볕이 직접 닿는 부분에서는 마술처럼 물기가 '빠지직' 증발하며 완전 건조의 순간을 직접 눈으로 확인할 수 있다. 물론 그늘진 부분은 잘 마르지 않는다. 하지만 안달루시아의 태양은 동에서 서로 움직이니 옷 위에 닿는 햇볕도 자리를 이동한다. 그늘져 있던 부분 위로도 어느덧 햇볕이 닿고, 물기는 파괴된다. 영화에서나 볼 수 있는 엄청난 파괴력의 자랑하는 레이저빔 같달까! 아니, 빨래 말리는 게 이리 박진감이 넘칠 일인가?

박진감 넘치는 빨래 말리기를 테라스에서 관전하다 보니, 어느새 시원한 바람이 바다에서 불어온다. 푸른 하늘과 바다가 하나로 연결되어 어디가 하늘이고 어디가 바다인지 쉽사리 구분되지 않는다. 파란색 캔

버스에 오렌지색이 살짝 도는 황금빛 수평선이 한 줄 그어진다. 아, 저기가 하늘과 바다가 맞닿는 곳이구나. 내일 나는 저 황금빛 선 안으로 다시 들어간다. 새로운 시골 여행의 시작.

◇ 에필로그 ◇

시골 여행을 마무리하며
: 공항에서 보내는 편지

지윤 엄마, 나는 이 글을 런던 개트윅 공항의 게이트 앞에서 쓰고 있어. 에딘버러로 가는 비행기를 기다리고 있지. 런던 개트윅은 말 그대로 환승을 위한 공항이라 핸드폰 로밍 신청도 하지 않았어. 내가 메시지를 보낸다고 해도 나중에 인터넷 연결이 될 때야 전송이 되겠지?

우리 주위엔 참 Too Much Talker가 많잖아. 교수들이 특히 말이 많은 것 같아. 교수라는 직업이 그들을 TMT로 만들었을까, TMT들이 교수가 되는 것일까? 교수 사회에 있다 보니 말 많은 사람들과 많이 만나게 되는데 그래서인지 나도 말이 많아지고 있음을 느껴. 그래봤자 진성 TMT들에게 둘러싸이면 내까짓 것은. 그런데 만약 역대급, 인생의 TMT를 만나 단둘이 대화를 하는데, 전혀 알아듣지 못한다면?

스페인 일정을 마치고 마데이라섬에서 일주일 정도 있었고, 마데이라섬에서 런던, 런던에서 에딘버러로 가는 여정이야. 내일은 위스키의 성지 아일라Islay섬으로 넘어가. 아깐 '개트윅 공항엔 어떤 위스키가 있을까?' 싶어서 공항 면세점을 구경했어. 그러다 최상급 아이리쉬 위스키 미들턴Midleton의 패키지가 전면 개편된 것을 보았지 뭐야. 신나서 미들턴이 들어간 나무 캐비닛을 보고 있는데, 갑자기 옆에서 나지막하고 떨리는 목소리로 "자네 이거 마셔 봤나?" 물어오는 거야.(물론 영어였지!) 고개를 돌리니 일흔은 훨씬 넘어 보이는 영국인 할아버지 직원이 내 옆에 서 있더라고. 내 인생 최고의 TMT를 만나는 순간이었어.

"마셔봤는데 아주 좋았습니다. 근데 패키지가 바뀌었네요. 안에 있는 리퀴드도 바뀌었을까요?"

이 질문이 TMT의 도화선을 당겼어. 내가 어찌 알았겠어, 그 할아버지가 내 인생의 TMT가 될 것이라는 사실을. 할아버지는 무표정한 얼굴로 검지 하나를 딱 들어 보이더니, 계산대로 걸어갔어. 연로하셔서인지 걸음은 느리셨고 뒤뚱이기도 하셨으나, 설명할 수 없는 묘한 열의와 홍

분이 그 할아버지의 등 뒤로 느껴졌어.

나는 계속 위스키를 구경하기 바빴는데, 어느 순간 그 할아버지가 다시 내 곁에 와 있는 거야. 그리고 본격적으로 미들턴에 대해 이야기를 하기 시작했어. 근데 전혀 알아들을 수가 없지 뭐야? 중간중간 들리는 몇 가지 단어로 이 언어가 영어일 것이라는 짐작은 드는데, 10%도 못 알아듣겠더라고. 무슨 말인지 몰라도 대꾸를 해주는 게 예의니, 나는 할아버지가 말하는 문장의 마지막 부분을 앵무새처럼 따라 했지. "Dofjro wkdbifoejw wiebdow nfiigjssniwhr twelve wodngi owbsuri. I wkdlnriwk happy sidnke shdh whreui wodkrje interesting."이렇게 말하면 "Yea! Interesting!"이라고 장단을 맞춰 드리고, "어쩌고저쩌고 too much"라고 하면 나도 무조건 "Right! Too much!" 이런 식으로 장단을 맞추려고 노력했는데, 이건 TMT에게 옥탄가 99의 고급 휘발유를 들이붓는 행동이었던 거지. 할아버지는 이제는 막 웃으며 내 등을 탁탁 두드리시며 이야길 하시더라. 진심으로 말하건대, 난 정말 정말 집중했어. 근데 분명 영어인 것 같은데 못 알아듣겠어. 나중에는 옆 매대로도 게걸음으로 옮겨 갔는데 계속 따라오며 말씀을 하시는 거야. 그러더니 갑자기 뭔가 비밀 이야기를 하시나 봐. 얼굴을 나한테 훅 갖다 밀더니 낮은 목소리로 무언갈 말해. 그리고 오른쪽 두 번째 손가락을 잘레잘레 흔들어. 비밀 이야기는 "미들턴 증류소에 대한 정보가 외부에 거의 알려져 있지 않는데……"로 시작했는데, 그 이후의 이야기는 정말 하나도 못 알아들었어.

할아버지의 악센트를 알아듣지 못하는 자신이 밉고 자괴감이 몰려왔어. 그래도 그 직원 할아버지가 싫진 않았어. 너무나 친절하셨거든. 많은 정보를 알려주려고 노력하신 거지. 그래도 머리가 빙글빙글 돌면서 속이 메스꺼워지는 걸 막을 순 없더라고. 물론 할아버지의 끊임없는 토크는 계속되었고, 그때 내가 왜 그랬을까? 할아버지의 말씀을 끊고 미친 질문을 했어. "저기 혹시 출신이 어딘지 여쭈어봐도 되나요? 악센트가 조금 독특하셔서요." 이 말이 떨어지자 할아버지는 손사래를 딱

한 번 치시더라. 그리고 짧고 강렬한 한마디. "스코틀랜드." 그 대답을 듣자마자 "오케이, 땡큐"라는 말만 남긴 채 면세점을 뛰쳐 나갔어야 했어. 하지만 그런 시도를 미처 실행에 옮기기도 전에 할아버지는 "But 내가 7살에 웨일즈로… 브리튼에 항구가 2개가 있는데 북쪽에…… 헬리콥터가…… 아버지가 군대에서…… 84년엔……." 헬리콥터 이야기가 자꾸 나오는데 무슨 이야기인지 예상도 안 갔어. 이럴 때 제일 두려운 것은? 갑자기 나에게 질문을 하는 거거든. 그런데 질문이 진짜 들어 왔다? 다행히 할아버지의 질문은 기적처럼 알아들었어! 내가 어디로 가느냐는 질문이었어. "아일라섬으로 가는 길이에요"라고 답하니, "Oh! Lovely!"라는 찬사를 내뱉으셨어. 난 완전 망한 거야. 그때부턴 할아버지가 눈까지 희번덕이시며 뭔가를 설명하는데 lodge, rate, lady, fresh air, bed, ship, noise, barrel 이런 단어들을 내뱉으셨지. 아일라섬에 갔던 경험을 이야기하시는 모양이더라고.

여기까지가 놀랍게도 단 20분 만이었어. 단 1초의 휴식도 없었지. 할아버지의 말이 웅웅웅 머릿속에서 울리더라고. 나는 이렇게 런던 개트윅 공항에서 '뇌 울림'으로 죽게 될 운명인가보다 라는 생각이 드는데, 순간 아주 명확한 문장 하나가 귀에 딱 꽂혔어.

"당신 오늘 어디서 머물 예정이오?"
"에딘버러에선 잠만 자고 내일 아침에 아일라섬으로 가려구요."
"오! 아일라섬으로? 그거 정말 멋지구만!"

어? 아까 내가 이야기했던 것 같은데? 뭐지? 데자뷰인가? 그리고 또 뭔가를 끊임없이 말씀하시는데, 어떤 레이디에 대한 이야기였어. 근데 도저히 맥락을 모르겠더라고. 그 레이디는 친절한데, 돈을 많이 내게 한다는 내용인 것 같아서. 이렇게 시간이 공간으로 변해갈 때쯤 할아버지가 갑자기 악수를 청하시는 거야! '아 이제 됐다'라고 생각하며 할아버지의 손을 잡고 흔들었는데, 손을 풀더니 계속 뭔가를 또 이야기하서. 내가 지금 이 글을 타이핑하고 있는데도 내 옆에서 할아버지는 전혀 개의치 않고 계속 뭔가를 이야기하고 있다고 하면 정말 무섭겠지? 물론 이건 농담이야.

그런데 솔직히 내가 아까 어떻게 그 인생의 TMT 할아버지를 뿌리치고 면세점에서 나왔는지는 기억이 안 나. 그냥 모든 게 혼란스럽고 또 새로운 느낌이었어. 오늘 이 사건으로 뭔가 내 삶에 있어서 전환점? 뭐 그런 게 온 것 같아. 시간이 공간으로 바뀌는 경험은 아무나 할 수 있는 게 아니잖아. 모든 게 새롭게 느껴져. 이런 경험을 하고도 인생에서 뭔가 변화가 생기지 않는다면, 그게 더 이상한 거 아닐까? 게다가 인생의 TMT의 마법인지 저녁 7시 15분 출발 비행기가 밤 9시 15분으로 딜레이되어 있더라. 이제 비행기에 타야 해. 근데 자꾸 허기가 지네.

집 떠난 지 한 달쯤 되었구나. 이제 일주일 있으면 보겠네. 집에서 봐! 근데, 출판사랑 '진짜 이탈리아는 시골에 있다'도 준비해보면 어떻겠냐에 대해서 잠깐 의논했었는데, 그러면 올가을에 잠깐 이탈리아에 다시 나와봐야 할 것 같아. 아님 한국의 시골에 대해서 써 볼까? 아니다, 이 이야기는 집에 가서 이야기할게.

진짜
스페인은
시골에 있다

초판 1쇄 2021년 6월 22일
초판 2쇄 2021년 11월 11일

지은이 문정훈
사진 장준우

발행인 유철상
기획 이현정
책임편집 정유진
편집 정은영, 정예슬, 박다정
디자인 박미영
마케팅 조종삼, 윤소담
콘텐츠 강한나

펴낸 곳 상상출판
출판등록 2009년 9월 22일(제305-2010-02호)
주소 서울특별시 성동구 뚝섬로17가길 48, 성수에이원센터 1205호(성수동2가)
전화 02-963-9891
팩스 02-963-9892
전자우편 sangsang9892@gmail.com
홈페이지 www.esangsang.co.kr
블로그 blog.naver.com/sangsang_pub
인쇄 다라니
종이 ㈜월드페이퍼

ISBN 979-11-90938-73-0 (03920)

※ 이 책은 한국출판문화산업진흥원의 2021년 〈우수 출판콘텐츠 제작 지원〉 사업 선정작입니다.